Auto-Movement
für Anfänger

Pendeln, Wünschelruten, Glossolalie, automatisches Schreiben, Besessenheit und mehr …

Kontakt: www.HarryEilenstein.de / Harry.Eilenstein@web.de

Impressum: Copyright: 2011 by Harry Eilenstein – Alle Rechte, insbesondere auch das der Übersetzung, vorbehalten. Kein Teil des Buches darf ohne schriftliche Genehmigung des Autors und des Verlages (nicht als Fotokopie, Mikrofilm, auf elektronischen Datenträgern oder im Internet) reproduziert, übersetzt, gespeichert oder verbreitet werden.

Herstellung und Verlag: Books on Demand GmbH, Norderstedt

ISBN: 9783752880731

Inhaltsverzeichnis

I Was ist Auto-Movement?

„Auto-Movement" ist eine Bezeichnung für automatische Bewegungen, also für Handlungen, die nicht bewußt gesteuert werden. Damit sind hier keine Reflexe oder unbewußte Handlungen gemeint, sondern Bewegungen des Körpers, die man „den Körper machen läßt" ohne sie bewußt zu lenken.

Das klingt möglicherweise recht merkwürdig und evtl. auch nach einem dringenden Fall für eine intensive psychologische Behandlung, aber das Auto-Movement ist ein wichtiges Element in vielen Formen der Magie. Es findet sich beim Pendeln, beim Wünschelrutengehen, beim automatischen Schreiben, beim „Sprechen in Zungen" („Glossolalie") und auch bei fortgeschritteneren Methoden wie der Invokation oder auch bei eher unerwünschten Phänomenen wie der Besessenheit. Auch die Ausführung eines hypnotischen Befehls gehört zu dieser Gruppe von Phänomenen.

Die übliche Quelle für eine Handlung liegt in einem bewußten Entschluß – zumindestens scheint dies auf den ersten Blick so zu sein. Wenn man sich jedoch die Manipulation von Menschen durch Politiker oder Varieté-Zauberer ansieht, ist dies nicht mehr ganz so sicher.

Wenn man sich zudem bewußt macht, wie unbewußt die meisten Vorgänge im eigenen Körper wie z.B. die Atmung, die Verdauung oder die Blutbildung im Knochenmark ablaufen, dann zeigt sich, daß die nicht bewußt entschiedenen Bewegungen möglicherweise im Menschen sogar in der deutlichen Überzahl sind.

Das Bewußtsein ist offenbar nicht in dem Ausmaß „der Fahrer am Steuerrad des eigenen Autos" wie man gemeinhin annehmen möchte. Dieser Umstand legt nahe, sich das Bewußtsein einmal genauer anzusehen.

I 1. Die Formen des Bewußtseins

Es gibt mindestens fünf Arten von Bewußtsein – die eine sinnvolle Arbeitsteilung miteinander betreiben:

1. Das Tiefschlaf-Bewußtsein ist wie eine weiße Leinwand. Es ist ohne Inhalte, aber „präsent". Es ist die Grundlage aller anderen Formen des Bewußtseins – es ist sozusagen die weiße Leinwand, auf der dann ein Bild gemalt werden kann, oder auch die Stille, in der dann ein Ton erscheinen kann.

Man kann das Tiefschlaf-Bewußtsein als ein Haus ansehen.

2. Das Traum-Bewußtsein, das auch Unterbewußtsein genannt wird, ist die Gesamtheit aller Informationen in einer Psyche. In diesem Bewußtsein sind alle Wahrnehmungen und alle Erinnerungen enthalten – einschließlich der Gefühle, die mit ihnen verbunden sind.

Man kann das Unterbewußtsein als das Archiv in dem Haus ansehen.

3. Das Wachbewußtsein enthält alle Bewußtseinsinhalte, die für die augenblickliche Situation relevant sind und die daher möglichst schnell und effektiv verarbeitet werden müssen, damit man sich für eine möglichst sinnvolle und effektive Handlung entschließen kann.

Man kann das Wachbewußtsein als den Büroschreibtisch in dem Haus ansehen. Das Unterbewußtsein sendet stets alle nötigen Informationen zu diesem Schreibtisch.

4. Das Ekstase-Bewußtsein enthält nur einen einzigen Bewußtseinsinhalt. Dieses Bewußtsein tritt in der Regel nur dann auf, wenn es eine Sache gibt, die existentiell wichtig erscheint. In der Regel sind dies Dinge, die entweder mit Lust oder mit Angst verbunden sind. Es gibt als dritte Möglichkeit noch die hohe Konzentration auf nur eine einzige Sache in der Meditation.

Man kann das Ekstase-Bewußtsein als das Licht der Schreibtischlampe auf dem Schreibtisch in dem Haus auffassen, das den einen wichtigen Bewußtseinsinhalt so hell wie möglich beleuchtet.

5. Das kollektive Unterbewußtsein besteht aus den Bewußtseinsinhalten einer ganzen Familie, einer Sippe, eines Volkes, der Menschheit oder aller Lebewesen auf der Erde. Es ist sozusagen organisch gegliedert – von den kleinen kollektiven Einheiten wie der Familie bis hin zu großen kollektiven Einheit der Lebewesen auf der Erde. Die kleineren Einheiten sind Elemente der größeren Einheiten.

Man kann das kollektive Unterbewußtsein als die Stadt ansehen, in der das Haus steht. Es gibt von jedem Haus aus die Möglichkeit, Kontakt zu jedem anderen Haus in dieser Stadt aufzunehmen oder auch zu der Stadt als Ganzes. Das würde man im allgemeinen „Telepathie" nennen.

- Schließlich könnte man sich noch fragen, ob es ein Gesamtbewußtsein gibt, das sozusagen dem Land entspricht, auf dem dieses Haus und diese Stadt stehen. Damit käme man jedoch bereits in den religiösen Bereich, der in diesem Buch nur eine sehr untergeordnete Rolle spielt.

Diese fünf Formen des Bewußtseins lassen sich miteinander verbinden, was man im allgemeinen „Meditation" nennt. Je nach der Form der Verknüpfung entstehen andere meditative Zustände. Da Meditation absichtlich geschieht und man auch nur dann bewußt wahrnehmen kann, wenn das Wachbewußtsein beteiligt ist, gehört das Wachbewußtsein zu all diesen meditativen Zustände dazu.

Die üblichen Formen der Meditation sind:

Wachbewußtsein + Traumbewußtsein	= Traumreise
Wachbewußtsein + Tiefschlaf	= Stille-Meditation (Zen)
Wachbewußtsein + Ekstase	= Tantra, Magie
Wachbewußtsein + Tiefschlaf + Traumbewußtsein	= Mandala-Meditationen
Wachbewußtsein + kollektives Unterbewußtsein	= Telepathie, Sehergabe

Bei der Betrachtung der verschiedenen Formen des Auto-Movement ist dieses Modell des Bewußtseins sozusagen die Landkarte, auf der man sich bewegt.

Jede der vier „persönlichen" Bewußtseinsarten hat eine bestimmte Frequenz:

Tiefschlaf	- ∅ 3 Hz	(2 - 4 Hz)
Traumbewußtsein	- ∅ 6 Hz	(4 - 8 Hz)
Wachbewußtsein	- ∅ 12 Hz	(8 - 16 Hz)
Ekstase	- ∅ 24 Hz	(16 - 32 Hz)

Man kann sich die Vorgänge bei der Meditation als ein Einstimmen zweier Bewußtseins-Frequenzen aufeinander vorstellen. Bei einer Traumreise würden z.B. je zwei Schwingungen des Wachbewußtseins mit einer Schwingung des Unterbewußtseins zusammen schwingen.

Dieser Zusammenhang läßt sich am einfachsten durch eine Graphik verdeutlichen:

Koordination der Bewußtseinsrhythmen	
	unkoordinierte Wellen/Rhythmus (Normalbewußtsein)
Tiefschlaf	
Traumbewußtsein	
Wachbewußtsein	
Ekstase	
	koordinierte Wellen/Rhythmus (Meditation)
Tiefschlaf	
Traumbewußtsein	
Wachbewußtsein	
Ekstase	

I 2.   Die Verbindungen zwischen mehreren Bewußtseins

Die Verbindung zwischen dem Bewußtsein von Person A und dem Bewußtsein von Person B ist die Telepathie. Dieses Wort erklärt natürlich zunächst einmal noch nichts, aber es ist zumindestens schon einmal ein allgemein geläufiger Begriff für diese Art von Verbindung. Da sich ein Teil der Phänomene des Auto-Movement zwischen mehreren Personen abspielt, ist auch die Telepathie ein wichtiger Bestandteil dieser Phänomene.

Eine andere Form der Verbindung beim Auto-Movement ist die Hypnose, bei der der Hypnotiseur bestimmt, was der Hypnotisierte tut. In diesem Fall ist die Quelle der automatischen Bewegung, d.h. genauer gesagt der „nicht selber bewußt beschlossenen Bewegung" der Hypnotiseur.

Eine meist nicht offensichtliche Form der Hypnose ist die Suggestion und die Dominanz, die sich u.a. auch in der geschickten Gesprächsführung zeigt, durch die ein dominanter Menschen andere dazu bringen kann, das zu tun, was er will. Dies ist ein Fall von Auto-Movement, bei dem der Betreffende oft nicht einmal merkt, daß er manipuliert wird.

Bei der Massenhypnose oder der Massensuggestion, die vor allem im politischen Bereich auftritt und bei Diktatoren sehr beliebt ist, wird dieses Lenken des Denkens, Sprechens und Handelns der Menschen von diesen Menschen entweder gar nicht bemerkt oder erst später – oft erst dann, wenn es schon zu spät ist.

Schließlich gibt es noch den Fall der desintegrierten Psyche, in der einzelne Teile die Lenkung übernehmen, wobei das Wachbewußtsein dies nicht einmal immer bewußt wahrnimmt. Dazu gehören Panikattacken, Suchtverhalten, Wutanfälle, Psychosen, Schizophrenie u.ä. Auch hier kann man insofern von Auto-Movement sprechen, da das Verhalten nicht mehr bewußt gesteuert wird und oft auch gar nicht mehr bewußt gesteuert werden kann.

I 3.   Auto-Movement in der Magie

In der Magie macht man sich das Auto-Movement auf viele Weise zunutze. Beim Pendeln, beim Wünschelrutengehen und beim automatischen Schreiben geht man eine Kooperation mit dem Unterbewußtsein ein und überläßt ihm teilweise und vorübergehend die Lenkung des eigenen Körpers. Dadurch kann man die Telepathie und manchmal auch die Telekinese nutzen, die beide Fähigkeiten des Unterbewußtseins sind.

Genauer formuliert müßte man eigentlich sagen, daß die telepathischen Wahrnehmungen vom Unterbewußtsein aus in das Wachbewußtsein gelangen. In dem anfangs beschriebenen Bewußtseinsmodell ist das Wachbewußtsein der Schreibtisch im Büro, doch die Informationen kommen jedoch alle aus dem Archiv des Unterbewußtseins (sowohl die Wahrnehmungen als auch die Erinnerungen) – einschließlich der telepathischen Wahrnehmungen. Es wäre daher präziser zu sagen, daß das Unterbewußtsein den Zugriff auf die telepathischen Informationen hat und nicht das Wachbewußtsein.

Bei der Hypnose übernimmt der Hypnotiseur die Kontrolle über den Hypnotisierten, was um 1950 herum einmal ein wichtiges Element in der Magie gewesen ist, aber heute kaum noch verwendet wird.

Bei der Sigillen-Magie findet sich eine ganz andere Form des Auto-Movements: Durch den mit dieser Methode ausgesandten Wunsch bewegt sich nicht ein Menschen unbewußt-automatisch, sondern die Welt, die dem Magier per „sinnvollem Zufall" das Erwünschte „bringt".

Noch eine ganz andere Anwendung des Auto-Movement ist die Anrufung („Invokation"). Dabei wird eine Gottheit angerufen, mit der man sich identifiziert und die man durch sich sprechen und handeln läßt.

II Das absichtliche Auto-Movement

Man kann die Phänomene des Auto-Movement in drei deutlich unterscheidbare Gruppen unterteilen:

- in das absichtliche Auto-Movement (z.B. Pendeln)
- in das unabsichtliche Auto-Movement (z.B. Fernhypnose)
- und in das kollektive Auto-Movement (z.B. Kornkreise)

II 1. Pendeln

Beim Pendeln hält man ein Pendel in der Hand und läßt es schwingen ohne etwas bewußt dazu zu tun, daß es schwingt.

Dabei benutzt man den Arm, mit dem auch schreibt. Man hält ihn angewinkelt ungefähr auf der Höhe des Halses vor sich und hält mit der Hand die Schnur des Pendels.

Es gibt für das Pendel im Wesentlichen vier Möglichkeiten zu schwingen:

- kreisförmig im Uhrzeigersinn
- kreisförmig gegen den Uhrzeigersinn
- vor und zurück
- hin und her

Genau genommen sind natürlich alle Bewegungen des Pendels Ellipsen. Die vier genannten Schwingungsformen sind lediglich die Extremformen der Ellipse. Wenn beide Radien der Ellipse gleich sind, wird sie zu einem Kreis, wenn einer der beiden Radien der Ellipsen zu „0" wird, wird es eine Hin- und Herbewegung.

Um das Pendel nutzen zu können werden diese vier Bewegungen angestrebt. Ein Hin- und Herschwingen von links vorne nach rechts hinten wäre auch eine Möglichkeit des Schwingens, die jedoch in der Regel nicht als mögliche Antwort genutzt wird.

Um das Pendel nutzen zu können, muß es vorher sozusagen programmiert werden, d.h. man muß die Bedeutungen der Bewegungen festlegen.

Als sinnvolle Bedeutungen für die vier möglichen „markanten" Bewegungen bieten sich folgendes an:

- ja
- nein
- weiß nicht
- unklare/unsinnige/unbeantwortbare Frage

Man kann sich natürlich auch andere Bedeutungen überlegen, aber „ja" und „nein" wird man vermutlich bei jeder Version brauchen.

Welche Bewegungen man für welche Antworten nimmt, ist ganz einem selber überlassen. Es liegt natürlich nahe, für „ja" und „nein" zwei entgegengesetzte Bewegungen zu benutzen – entweder die beiden Kreis-Bewegungen oder die beiden Linien-Bewegungen. Aber das kann man auch anders handhaben.

Für das Pendel sind keine besonderen Materialien notwendig. Ich habe jahrelang jedesmal, wenn ich ein Pendel gebraucht habe, meinen Haustürschlüssel an mein Stirnband gehängt. Aber auch hier sollte man das benutzen, was sich gut anfühlt. Wenn sich für einen persönlich ein Bergkristall an einem Silberkettchen besser anfühlt, sollte man auch ein solches Pendel verwenden.

Der nächste Punkt ist das Stellen von sinnvollen Fragen – und das Erforschen, welche Fragen das Pendel überhaupt beantworten kann.

Es empfiehlt sich, anfangs einfache Fragen zu stellen wie „Bin ich eine Frau?", „Ist es Tag?", „Habe ich zwei Hände?" usw. Dadurch kann man sehen, ob das Pendel die richtigen Antworten gibt, d.h. ob die „Programmierung" des Pendels funktioniert hat.

Man hält also das Pendel vor sich und stellt die Frage. Dann tut man nichts und wartet. Anfangs wird das Pendel vermutlich nur ein wenig wackeln, aber nach und nach werden die Bewegungen deutlicher werden. Bis man deutliche Bewegungen erreicht hat, sollte man erst einmal mit einfachen Fragen fortfahren – wobei humorvolle Fragen den Erfolg durchaus steigern können: „Mag ich Himbeereis?", „Liebt X den Y?", „Bin ich zu dick?" u.ä.

Es kann auch hilfreich sein, wenn man diese Versuche zu zweit durchführt und abwechselnd einer dem anderen eine Frage stellt.

Wenn die Pendel-Bewegungen deutlich geworden sind, kann man eine Stufe weitergehen und Fragen stellen, auf die man die Antwort nicht weiß, aber bei denen man die Antwort leicht herausfinden kann.

Wenn man zu zweit ist, kann Person A man z.B. Person B fragen: „Was habe ich in meiner Hosentasche?" Person B muß dann anfangen Fragen zu stellen wie „Ist es rund?", „Ist es aus Metall?", „Ist es kostbar?", „Ist es weiß?" usw. Auf diese Weise entsteht durch die Antworten, die das Pendel gibt, nach und nach eine immer deutlichere Kontur des Gegenstandes in der Hosentasche von Person A. Es ist natürlich hilfreich, wenn man als Kind gerne das Fragespiel gespielt hat, bei dem man mithilfe solcher Fragen und ja/nein-Antworten erraten muß, woran der andere gerade denkt.

Als nächstes kann man dann dazu übergehen, Fragen zu Dingen zu stellen, die niemand im Raum weiß, aber die man überprüfen kann. Zu dieser Art von Fragen gehört z.B. „Wieviele Münzen hat X in seinem Portemonnaie?", „Wieviele Autos stehen in der Tiefgarage?" oder „Wieviele Anrufe erhalte ich heute noch?" Durch diese Art von Fragen läßt sich nachweisen, daß man „per Pendel" Telepathie benutzen kann (wieviele Münzen, wieviele Autos) und ebenso die Zukunft vorhersehen kann (Anzahl der Anrufe).

Wenn diese Art der Fragen geübt worden ist, kann man auch komplexere Fragen stellen, auf die man die Antwort nicht weiß, wie „Welches Medikament hilft mir?", „Was kann ich wegen meinem Liebeskummer tun?" oder „Welche Arbeitsstelle sollte ich annehmen?"

Es ist offensichtlich, daß man die Informationen, die man auf diese Weise zu solch existentiellen Fragen erhalten hat, gründlich prüfen sollte – sonst besteht die Gefahr, sich zur Marionette des eigenen Pendels zu machen.

Der Umstand, daß das Pendel Zugriff auf Telepathie und auf das Vorhersehen der Zukunft hat, bedeutet nicht, daß das Pendel allwissend ist oder gar, daß es weise ist. Dieser Umstand bedeutet lediglich, daß das Pendel ein gutes Telepathie-Hilfsmittel ist.

Wer ist nun der, der beim Pendeln die Antworten gibt? Das Pendel selber ist es sicherlich nicht – aber wer sonst?

Wodurch kommt beim Pendeln die Bewegung zustande? Offensichtlich durch die Bewegungen der Arm-Muskeln. Es scheint also eine Instanz zu geben, die in der Lage ist, die Bewegungen der Arm-Muskeln so zu steuern, daß sich daraus sinnvolle Pendelbewegungen und somit auch sinnvolle Antworten ergeben. Diese Instanz kann nur das Unterbewußtsein sein, das ja auch die gesamten Informationen der Psyche enthält und das z.B. auch beim Gehen, Sprechen oder Stricken weitgehend autonom komplexe, unbewußte Muskelbewegungen steuert.

Das Pendel ist also ein „Monitor" für das Unterbewußtsein, auf dem durch die Pendelbewegungen die Meinung des Unterbewußtseins zu der gestellten Frage abgebildet wird.

In dem Haus-Bild für das Bewußtseins befindet sich das Pendel also im Büro (Wachbewußtsein) – und zwar als als Monitor auf einem Beistelltisch neben der Tür, die ins Archiv (Unterbewußtsein) führt. Das Wachbewußtsein an dem Bürotisch kann also, wenn es möchte, mithilfe des Pendels Informationen aus dem Archiv anfordern.

Das Wachbewußtsein sollte jedoch wissen, was das ist, was es da auf diesem Monitor angezeigt erhält: Im Archiv sitzt keine alte weise Frau und auch kein weiser alter Mann, sondern eher ein recht neutraler Archivar, der die Informationen aus dem Archiv so in das Büro des Wachbewußtseins schickt, wie diese Informationen in dem Archiv vorliegen.

Je nach der Fragestellung, die das Wachbewußtsein benutzt hat, können diese

Informationen jedoch Fehler enthalten und z.B. unvollständig sein. Wenn man z.B. „Hilft mit Kamille besser als Pfefferminze?" gefragt hat, kann es sein, daß Kamille zwar besser als Pfefferminze wäre, daß aber eigentlich Beinwell gebraucht wird.

Eine andere Fehlerquelle sind die Gefühle, die mit einer Information aus dem Archiv verbunden sein könnten. Wenn man z.B. fragt „Warum habe ich Unterleibsschmerzen?", ist das Wachbewußtsein möglicherweise nicht in der Lage, die eigentliche Antwort „Weil Du als Jugendliche vergewaltigt worden bist." zu hören und findet stattdessen mithilfe des Pendels nur heraus, daß man zu viel gegessen hat – was jedoch nur 2% der Ursache der Unterleibsschmerzen ist.

Man sollte also mit den Informationen, die man „per Pendel" erhält, vorsichtig umgehen – und auf gar keinen Fall dem Pendel die Regie über das eigene Leben überlassen. Diese Regie sollte stets bei dem Wachbewußtsein bleiben.

II 2. Wünschelrute

Die Wünschelrute ist ein „Y"-förmiger Haselzweig, also eine Astgabel. Manchmal wird auch ein Weidenzweig benutzt und in neuerer Zeit gibt es auch Wünschelruten aus Metall. Dieser Zweig bzw. diese Metall-Wünschelrute sollte nicht starr, sondern elastisch sein.

Man hält sie an den beiden Enden, also an den beiden Zweigen der Astgabel mit je einer Hand fest. Dabei werden die beiden Zweige etwas auseinander gebogen, sodaß die Armmuskeln angespannt sind und die beiden Zweige unter Spannung stehen. Dadurch fangen die Arm-Muskeln leicht zu zittern an – ähnlich wie bei Bioenergetik-Übungen.

Durch diesen Druck und diese unkontrollierten Arm-Bewegungen beginnt der untere Ast (also nicht die beiden Zweige der Astgabel) nach oben oder nach unten hin „auszuschlagen", was dann die Informationen gibt – dies entspricht dem „ja" und dem „nein" bei dem Pendel.

Traditionell wird die Wünschelrute dafür verwendet, Dinge „unter der Erde" zu finden wie Wasseradern, Stromkabel, Kanalisationsrohre, vergrabene Schätze u.ä. Dieses Finden von materiellen Dingen unter der Erde ist eine Kombination der telepathischen Fähigkeiten des Unterbewußtseins mit der Verwendung der Wünschelrute als Monitor für das Unterbewußtsein.

Auch zur Untersuchung des Lebenskraftkörpers der Erde wird sie verwendet, also zum Erkennen von Kraftorten, Leylines (Kraftlinien), den Gitternetzen (Mustern in der Lebenskraft der Erde) usw. Da hier der Lebenskraftkörper der Erde untersucht wird, ist eine Überprüfung dieser Ereignisse des „Rutengehens" zunächst einmal nicht so einfach.

Wenn sich durch das Suchen nach Stromkabeln, vergrabenen Schätzen u.ä. jedoch gezeigt hat, daß ein Rutengänger mit seiner Wünschelrute tatsächlich die in der Erde verborgenen Dinge finden kann, ist zumindestens schon einmal bewiesen, daß die Wünschelrute ein brauchbarer Monitor für die telepathischen Fähigkeiten des Unterbewußtseins ist. Wenn sich zudem zeigt, daß die mit der Wünschelrute erlangten Informationen über den Lebenskraftkörper dabei helfen, Mißstände wie Schlafstörungen oder Depressionen zu beheben, kann man zumindestens schon einmal sagen, daß die Wünschelrute auch für diesen Verwendungszweck nützlich ist.

Es gibt keinen Hinweis darauf, daß die Wünschelrute etwas anderes ist als eine Variante des Pendels: Die Wünschelrute schlägt nach oben oder nach unten aus, weil die vom Unterbewußtsein gesteuerten Arm-Muskeln leichte Bewegungen machen, die zu diesen Bewegungen der Wünschelrute führen.

Sowohl das Pendel als auch die Wünschelrute vergrößern lediglich die kleinen Bewegungen des Armes, die dadurch besser sichtbar werden.

II 3. Finger-Monitor

Das Pendeln ist sehr praktisch – aber auch sehr auffällig. Was soll man tun, wenn man z.B. in einer Konferenz sitzt und das Pendel fragen will, ob Herr Maier gerade das Blaue vom Himmel herunter lügt? Das Pendel auszupacken und am Konferenztisch zu pendeln ist ein bißchen zu auffällig …

Nachdem ich einmal eine solche Situation erlebt habe, habe ich mir überlegt, daß man ja auch andere Dinge als nur das Pendel oder die Wünschelrute als Monitor für die telepathischen Fähigkeiten des Unterbewußtseins benutzen können müßte. Für die geschilderte Situation müßte dies ein möglichst unauffälliger Monitor sein.

Da das Pendel von den Muskeln in Arm, Hand und Fingern bewegt wird, habe ich mich entschieden, meine Finger als Monitor zu benutzen. Dafür habe ich meinen linken Unterarm vor mir auf den Tisch gelegt und dann meine rechte Hand so über meinen linken Unterarm, daß die Finger meiner rechten Hand frei in der Luft hingen.

Dann habe ich meine rechte Hand gefragt: „Welche Fingerbewegung soll 'ja' bedeuten?" Nach einer Weile bewegte sich mein Zeigefinger automatisch, also ohne mein Zutun, ein wenig auf und ab. Diese Bewegung sah ein bißchen komisch aus – wie ein stark verlangsamtes nervöses Zucken. Aber es war unauffällig genug, um auch „Konferenz-tauglich" zu sein.

Dann habe ich noch die übrigen drei Finger gefragt, wessen Bewegung „nein", „weiß nicht" und „unklare Frage" bedeuten soll.

Mit dieser „Programmierung" konnte ich nun völlig unauffällig und sogar ohne auf meine Hand zu schauen mein Unterbewußtsein befragen – schließlich spürt man ja, welchen Finger man bewegt, d.h. welcher Finger sich „von selber" bewegt, auch wenn man nicht hinschaut.

Wie bei all diesen Methoden ist es auch bei dem Finger-Monitor wichtig, die Ergebnisse nicht einfach zu glauben, sondern sie als wichtigen Hinweis anzusehen und sie so gut wie möglich zu überprüfen.

Schließlich weiß man ja nie, ob die Information ohne Störungen angekommen ist – es könnten sich Ängste im Unterbewußtsein eingemischt haben oder auch verborgene Wünsche, es könnte eine Störung durch mangelnde Konzentration entstanden sein, ein sehr dominanter Mensch im Raum könnte die Wahrnehmung vernebelt haben, man könnte in irgendeiner Hinsicht unaufmerksam gewesen sein, man könnte die Frage nicht eindeutig genug gestellt haben usw.

Man sollte die „per Pendel", „per Wünschelrute" oder „per Finger-Monitor" erlangten Informationen ernst nehmen, aber nie vergessen, daß sie telepathische Wahrnehmungen sind und keine optische Wahrnehmung mit den Augen. Das bedeutet nicht, daß Telepathie nicht präzise wäre, aber sie erfordert wie alle Dinge Übung – in diesem Fall, um die telepathische Wahrnehmung von allen Assoziationen und sonstigen Störungen unterscheiden zu können, und zudem auch, um die erforderliche Konzentration zu erlangen.

II 4. Automatisches Schreiben

Das automatische Schreiben ist dem Finger-Monitor sehr ähnlich. Man nimmt ein Blatt Papier, legt es vor sich auf den Tisch, nimmt einen möglichst leicht schreibenden Stift in die Hand (also keinen Bleistift mit harter Mine und auch keinen fast leeren Kugelschreiber) und hält ihn auf das Papier.

Nun stellt man eine Frage und sagt seinem Arm und seiner Hand, daß sie eine Antwort schreiben sollen. Dann wartet man, was geschieht.

Wenn man bereits mit dem Pendel und dem Finger-Monitor geübt hat, kennt man schon die neutrale, „leere" Haltung, die dafür hilfreich ist. Schließlich beginnt sich die Hand zu bewegen und kritzelt etwas auf das Papier.

Anfangs werden das noch keine poetischen Sätze sein, sondern einfach nur Striche. Mit etwas Übung lernt das Unterbewußtsein jedoch, die Gehirn-Abteilung für das Schreiben mit der Gehirn-Abteilung für die Armbewegungen zu koppeln und beides zu lenken.

Nach einiger Zeit entstehen dann Buchstaben, Worte, Sätze und schließlich auch interessante Antworten auf die gestellten Fragen.

Es ist in den meisten Fällen leichter, das automatische Schreiben zu zwei oder zu dritt zu erlernen – die Art von fröhlichem Gelächter, das dabei über die Krakeleien entsteht, scheint generell alle automatischen Vorgänge und auch alle Arten von Telepathie zu fördern.

Möglicherweise weiß man nach einiger Zeit auch schon, was die Hand gleich schreiben wird, bevor diese angefangen hat sich zu bewegen – evtl. hört man die Worte auch innerlich, bevor die Worte auf dem Papier erscheinen. In diesen beiden Fällen hat sich das Unterbewußtsein einfach das Wachbewußtsein oder den Hörsinn als Monitor ausgewählt – weil diese leichter zugänglich sind.

Man kann das automatische Schreiben natürlich auch dafür benutzen, um Zeichnungen anzufertigen und evtl. sogar, um Bilder zu malen. Das ist natürlich noch etwas anspruchsvoller als das automatische Schreiben – insbesondere dann, wenn dabei auch noch verschiedene Farbstifte verwendet werden.

Das automatische Schreiben hat gegenüber dem Pendel, der Wünschelrute und dem Finger-Monitor einen großen Vorteil: Die drei genannten Hilfsmittel können nur mit „ja" und „nein" antworten, sodaß man in vielen Fällen auf kreative Weise und mit viel Geschick eine ganze Reihe von Fragen stellen muß, um zu brauchbaren Antworten zu kommen. Das automatische Schreiben kann jedoch (bei einiger Übung) direkte, differenzierte und qualitative Antworten liefern.

Doch auch hier gilt, daß man alle Informationen, die man durch das automatische Schreiben erlangt hat, zwar ernst nimmt (sonst könnte man das automatische Schreiben gleich ganz sein lassen), aber sie auch nicht einfach glaubt (weil man sonst zu einem Spielball des eigenen Unterbewußtseins werden würde).

II 5. Körper-Monitor

Nachdem die Arm-, Hand- und Finger-Muskulatur nun zu einem fähigen Monitor für das Unterbewußtsein geworden ist, liegt es nahe, diesen Monitor weiter auszuweiten und zu schauen, was dabei geschieht – zumindestens dann, wenn man ein neugieriger Mensch ist und sich selber und die eigenen Möglichkeiten kennenlernen will.

Als erstes kann man versuchen, dem Arm und der Hand zu sagen, daß sie eine bestimmte Bewegungen machen sollen. Dann wartet man und schaut zu, was geschieht.

Als nächstes kann man dann die Monitor-Funktion auch auf die Beine ausweiten. Dafür setzt man sich auf einen Stuhl und legt das rechte Bein über das linke Bein. Dann sagt man dem rechten Bein zunächst einmal ganz einfach „Beweg Dich." und schaut, was geschieht. Wahrscheinlich ist die Wahrnehmung des eigenen Beines, das

sich ohne eigenen bewußten Impuls bewegt, noch immer ziemlich gewöhnungs-
bedürftig …

Dasselbe kann man dann auch mit dem anderen Bein durchführen.

Man kann sich auch auf den Rücken legen, die Beine ein Stück anziehen, sodaß die
Füße näher an den Hintern kommen und dann beide Beine bitten, sich zu bewegen.
Hier sind der Kreativität keine Grenzen gesetzt.

Man könnte diese Beinbewegungen auch als Monitor benutzen – aber das ist für
den Alltagsgebrauch ziemlich unpraktisch …

Als nächstes kommt der Kopf an die Reihe. Das ist ein besonders merkwürdiges
Erlebnis, weil die meisten Menschen ihre Persönlichkeit im Kopf verorten und auf
das Pendel, die Wünschelrute, den Finger-Monitor und die automatischen Bein-Be-
wegungen noch distanziert „von oben herab" schauen können. Wenn sich jedoch der
Kopf automatisch bewegt, nickt, dreht, kreiselt usw., dann beginnt dieses Experiment
wahrscheinlich die eigenen Vorstellungen über die eigen Psyche infrage zu stellen:
Wo und was bin ich, wenn sich mein Körper einschließlich meines Kopfes „von
selber" bewegen kann?

Nun, da man in der Regel wahrscheinlich nicht auf halbem Wege aufhören will,
kann man sich auf einen Stuhl setzen und dem eigenen Körper sagen, daß er
aufstehen soll. Das Erlebnis, aufzustehen ohne daß man das bewußt lenkt, ist
unbeschreiblich …

Als nächstes kann man dem eigenen Körper sagen, daß er ein paar Schritte gehen
soll oder etwas ergreifen soll.

Die automatischen, also die nicht bewußt gesteuerten Bewegungen des Körpers sind
ganz anders als normalerweise – ruckhaft, eckig, plötzlich, sie wirken unbeholfen,
sind aber vollkommen zielsicher … es hat ein bißchen was von einem Roboter …

Als ich diesen Versuch das erste mal zusammen mit einem Freund durchgeführt
habe und meinem Körper gesagt habe, daß er meinen Freund mit der Hand an der
Schulter berühren soll, hat sich mein Freund geschüttelt, weil sich das so gruselig
angefühlt hat, und hat gesagt: „Nur Zombies sind schöner!"

Man sieht deutlich, daß sich bei diesem Versuch ein Körper ohne das normale
Bewußtsein bewegt. Es hat den Anschein, als ob das Unterbewußtsein die
Bewegungen sehr präzise berechnen und durchführen kann, aber sie schrittweise
durchführt – was dann diesen merkwürdigen „Roboter-Effekt" hervorruft.

Offenbar hat das Wachbewußtsein die Aufgabe, die verschiedenen Teil-Bewegun-
gen zu einer „weichen" Gesamtbewegung zusammenzufassen. Aber das Wachbewußtsein bringt auch Zweifel in die Bewegungen, wodurch die bewußten Bewegungen
auch etwas ungenauer werden als die Bewegungen im „Zombie-Modus".

II 6. Automatisches Sprechen

Falls einem diese Experimente noch nicht genügen, gibt es noch eine weitere Möglichkeit: Man sagt dem eigenen Körper, daß er etwas sagen soll.

Möglicherweise kommen zunächst nur Geräusche und Töne aus dem Mund und eine Weile später dann vielleicht die ersten Worte. Es kann ein Weilchen dauern, bis man seinen Mund als „Sprach-Monitor" für das eigene Unterbewußtsein installiert hat.

Die Stimme klingt dabei „flach" und hat so gut wie keinerlei Betonung – das entspricht anscheinend den ruckhaften, Roboter-artigen Bewegungen des Körpers beim automatischen Bewegen.

Die Worte scheinen zudem irgendwie hintereinander her aus dem Mund zu purzeln – man hat nicht das Gefühl, daß das ein Satz sei, obwohl er von der Grammatik und von den Worten her ganz deutlich ein Satz ist. Das klingt ein bißchen wie ein altmodischen Computer, der durch seinen Lautsprecher einfach Worte nacheinander von sich gibt, aber noch kein Programm hat, das die Betonung der Worte und die Sprachmelodie regelt. Das entspricht offenbar ebenfalls den ruckhaften, aufeinander folgenden Bewegungen im „Zombie-Modus", bei denen jede Bewegung einzeln dasteht.

Die Kürze der Sätze beim automatischen Sprechen entspricht der Präzision der Bewegungen des Körpers bei den automatischen Bewegungen.

Es ist wichtig, daß man diese automatischen Bewegungen nicht als ständig vorhandene Möglichkeit zuläßt, sondern daß man diesen „Zombie-Modus" kontrolliert und nur „einschaltet", wenn man ihn gerade für irgendetwas braucht.

II 7. Körper-„Bote"

Als Monitor ist der „Zombie-Modus" ziemlich unbrauchbar: ein Schritt vor als „ja" und ein Schritt zurück als „nein" wäre doch arg umständlich – da ist der Finger-Monitor deutlich eleganter.

Wenn sich der ganze Körper automatisch bewegen kann, kann man dem Körper auch einen Auftrag geben und ihn als Boten aussenden, damit er diesen Auftrag erfüllt. Generell gibt es natürlich erst einmal nichts, was man nicht auch bewußt mit dem eigenen Körper machen könnte – sich die Schuhe anziehen, den Tisch abräumen, die Haare kämmen usw. Diese Dinge kann man spaßeshalber auch einmal in der „Automatik-Variante" ausprobieren (und sich über die „Zombie-Version" des Haarekämmens amüsieren), aber wirklich nützlich ist das nicht.

Da das Unterbewußtsein jedoch über telepathische Fähigkeiten verfügt, gibt es durchaus interessante Anwendungs-Möglichkeiten für das automatische Bewegen. Diese Möglichkeiten habe ich zusammen mit meinem Sohn David ausprobiert.

Nachdem ich mit ihm das automatische Bewegen geübt hatte, bis es fließend gibt (wozu wir etwa ein 10 Minuten gebraucht haben), habe ich ihm gesagt, daß ich in meinem Zimmer einen Ring versteckt habe, den er jetzt suchen soll. Also hat er sich auf einen Stuhl gesetzt und seinem Körper gesagt, daß er den Ring suchen soll.

Daraufhin ist sein Vorderkörper nach vorne geklappt, dann hat er die Knie durchgebogen, wodurch sein Kopf nach unten gezeigt hat; als letztes hat er dann den Oberkörper aufgerichtet. Anscheinend hat sein Unterbewußtsein für das Aufstehen die energiesparendste Variante berechnet und dann das Aufstehen in diesen drei Bewegungen durchgeführt. Das wirkt ziemlich roboterhaft und zum anderen fragt man sich als Zuschauer, ob der Betreffende nicht gleich umfällt, weil die Art der Bewegung so mechanisch aussieht.

Dann hat David zwei „stelzende" Schritte nach vorne gemacht, hat sich um 90° nach rechts gedreht und ist drei weitere Schritte gegangen.

Dann kam eine sehr merkwürdige Bewegung, die zum einen sehr fließend und präzise war und zum anderen wie ein Umfallen aussah – und natürlich wieder mechanisch-roboterhaft: David hat seinen Oberkörper nach vorne fallen lassen und hat seinen Arm ausgestreckt, wodurch seine Hand unter den Teppichrand „gestoßen" ist; danach kam er sofort wieder hoch und hielt den Ring in der Hand, den ich genau dort unter dem Teppich versteckt hatte.

Wir waren beide über den Erfolg dieses Experimentes ziemlich verblüfft …

Einige Monate später hat David Probleme mit dem Meniskus in beiden Knien bekommen und mußte auf Krücken laufen und sollte an beiden Knien operiert werden. Als er kurz vor der Operation auf der Schulabschlußfahrt in Nürnberg oben auf der Burg war und dort als letzter der Klasse im Burghof stand, fiel ihm unser Experiment mit dem versteckten Ring ein.

Da hat er zu seinem Körper gesagt, daß er das tun solle, was seine Knie wieder heilt. Da ist sein Körper zu einer Tür am Rand des Burghofes gegangen, die David zuvor garnicht bemerkt hatte. Sein Körper hat die Tür geöffnet, die nicht verschlossen gewesen ist. Da sah David vor sich ein Kräuterbeet hoch oben auf den Zinnen der Burgmauer. Sein Körper stakste zielsicher zu dem letzten Beet. Dort ist er wieder mit einer solchen seltsam-fließenden Bewegung nach vorne geknickt, hat ein Stück von einem Kraut abgerissen, es sich in den Mund gesteckt und es runtergeschluckt … und war ziemlich verblüfft über das, was gerade passiert war.

Da hat er ausprobiert, wie es seinen Knien geht – jeglicher Schmerz war fort! Da hat er sich seine Krücken unter den Arm geklemmt und hat sie fortan nicht mehr gebraucht und konnte wie zuvor wieder Sport treiben (er ist Parcour-Trainer und Ninja-Warrior).

Das „Aussenden seines Körpers" ist offensichtlich sehr nützlich, da der Körper dann vom Unterbewußtsein gelenkt die Dinge tun kann, die er braucht.

Es gibt natürlich auch die Möglichkeit, sich diese Informationen einfach als innere Stimme oder Intuition ins Wachbewußtsein senden zu lassen und sie dann bewußt auszuführen. Es ist allerdings eine gut geschulte Neutralität des Wachbewußtseins notwendig, um sich bei der Wahrnehmung dieser Informationen und bei der Ausführung dieser Anweisungen nicht einzumischen.

Angesichts dieser vielen Möglichkeiten sollte man stets abwägen, mit welcher Methode des Auto-Movement man sein Ziel mit dem geringsten Aufwand erreichen kann.

II 8. Finger-Signal

Generell ist es sinnvoll, den Automatik-Modus der Muskulatur nur auf besonderen Beschluß hin zu benutzen und sich im allgemeinen immer bewußt zu bewegen.

Wie bei fast allem gibt es jedoch auch von dieser Regel eine Ausnahme, bei der man nicht bewußt aus der Kontrolle heraus selber den Automatik-Modus einschaltet, sondern diesen Modus für spezielle Situationen generell freigibt.

Als ich ungefähr 25 Jahre alt gewesen bin, habe ich ziemlich stark mit mir selber gehadert – und bin dann jedesmal gegen einen Laternenpfahl, einen Baum o.ä. gelaufen und lag dann mit einer blauen Beule und ziemlich heftigen Kopfschmerzen auf der Erde.

Irgendwann ist mir dann mal der Zusammenhang zwischen diesen Unfällen und dem Gefühl der Selbstablehnung, der Selbstverachtung und des Selbsthasses kurz vor diesen Unfällen aufgefallen. Eine sehr ähnliche Szenerie der Selbstbestrafung ist ja mittlerweile aus den „Harry Potter"-Büchern von dem Hauselfen Dobby allgemein gut bekannt …

Da bin ich auf die Idee gekommen, meinen Körper zu bitten, daß jedesmal, wenn ich etwas Unfreundliches über mich gedacht habe, meine rechte Hand ganz leicht irgendwo anstoßen zu lassen. Ich habe meinem Körper dafür versprochen, jedesmal, wenn ich mit meiner rechten Hand irgendwo leicht anstoße, innezuhalten und zu schauen, was ich gerade gedacht und gefühlt habe.

Seitdem hatte ich keine unangenehmen, plötzlichen Begegnungen mit Laternenpfählen mehr …

II 9. Der Erinnerungs-Bote

Mich hat als Jugendlicher gestört, daß ich mich manchmal an eine Sache nicht erinnern konnte. Also habe ich geschaut, was meiner Erinnerung weiterhilft.
Stundenlang in meiner Erinnerung zu suchen, half fast nie weiter.

Wenn ich nur ein einzelnes Wort gesucht habe, habe ich langsam das Alphabet vor mich hin gesprochen und bei jedem Buchstaben nachgespürt, ob das gesuchte Wort mit diesem Buchstaben beginnt – das half bei Einzelworten in den meisten Fällen weiter, aber auch nicht immer.

Schließlich ist mir aufgefallen, daß die gesuchte Erinnerung häufig dann kam, wenn ich aufgegeben hatte, sie zu finden (was meistens ziemlich lange gedauert hat). Darauf hin habe ich ausprobiert, ob die Erinnerung von selber kommt, wenn ich sie nicht suchte. Das hat jedoch auch nicht funktioniert.

Wenn ich mich jedoch kurz, aber intensiv auf die gesuchte Erinnerung konzentriert habe und dann etwas ganz anderes gemacht habe, was meine Aufmerksamkeit ganz in Anspruch genommen hat, kam die Erinnerung plötzlich.

Daraus habe ich das Bild eines Boten abgeleitet, den ich durch meine Konzentration auf die fehlende Erinnerung erschaffe und den ich dann losschicke – und den ich möglichst nicht durch das Denken an diese Erinnerung stören sollte.

Dieser „Erinnerungs-Bote" ist auch ein automatisierter Vorgang, der sich jedoch nicht im Körper, sondern im Bewußtsein abspielt. Auch der Monitor dieses Vorgangs ist nicht ein Körperteil, sondern das Bewußtsein selber.

Diese Entdeckung war der Anfang des Bildes des Wachbewußtseins als eines Schreibtisches in einem Büro und des Unterbewußtseins als eines Archivs in demselben Haus wie dieses Büro. Ich konnte offensichtlich einen „Büro-Boten" in das Archiv schicken, um mir die benötigte Information zu holen – wenn ich den „Büro-Boten" bei seiner Arbeit nicht gestört habe, sondern mich in der Zeit bis zu seiner Rückkehr mit etwas anderem beschäftigt habe.

Eine sehr praktische Angelegenheit – insbesondere wenn mit zunehmendem Alter das Kurzzeitgedächtnis nicht mehr ganz so gut ist wie einst einmal gewesen ist …

II 10. Traumreisen

Bei einer Traumreise ist man gleichzeitig im Wachbewußtsein und im Traum-bewußtsein (Unterbewußtsein). Dies ist der Zustand, in dem man morgens direkt nach dem Aufwachen ist, wenn der letzte Traum noch 20 Sekunden lang in Eigendynamik weiterläuft und man ihm bewußt wie einem Film zuschauen kann. Auch der lebhafte

Tagtraum vom letzten Urlaub, wenn man gelangweilt in der Eisenbahn sitzt, ist solch eine Traumreise.

Mit etwas Übung kann man solche Traumreisen auch bewußt durchführen – also sozusagen absichtliche und bewußte Tagträume haben.

Indem man vor einer solchen Traumreise definiert, wozu man etwas sehen will, kann man etwas zu dem betreffenden Thema herausfinden – sowohl Informationen aus dem Unterbewußtsein als auch telepathisch beschaffte „externe Informationen" von anderen Menschen, Orten und Zeiten.

Bei der Traumreise schickt man nicht mehr den Büro-Boten ins Archiv, um dort die Information zu suchen, sondern man geht selber ins Archiv, um sich dort in der betreffenden Abteilung umzusehen. Der Vorteil der Traumreise gegenüber dem Aussenden des Büro-Boten ist offensichtlich: Man erhält wesentlich mehr und deutlich detaillierte Informationen.

In Bezug auf den Detailreichtum liegt das automatische Schreiben und das automatische Zeichnen zwischen dem Aussenden des Büro-Boten (Pendeln, automatisches Schreiben u.ä.) und dem eigenen Gang ins Archiv (Traumreise).

Auch die Dinge, die man auf einer Traumreise erfährt, sollte man ernst nehmen, aber sie nicht einfach glauben, sondern sie genau betrachten und sich fragen, in welcher Weise man diese Informationen verwenden will.

II 11. Inneres Hören

Wenn man des öfteren Traumreisen durchführt, wird man bemerken, daß man verschiedene Sinne als „inneren Monitor" benutzen kann. Bei manchen Traumreisen sieht man vor allem Bilder, bei anderen hört man vor allem Worte, bei wieder anderen spielen auch der Tastsinn, der Geruchssinn und der Wärmesinn eine Rolle.

Mit genügend Übung kann man vorher festlegen, welche Art der Traumreise man machen möchte:

- Wenn man die Traumreise mit einer Frage z.B. an eine Gottheit beginnt, wird die Traumreise vor allem ein Gespräch werden.

- Wenn man die Traumreise damit beginnt, daß man durch eine Tür geht, auf die man seine Frage geschrieben hat oder ein Symbol von dem, worüber man etwas erfahren möchte, gezeichnet hat, wird man vor allem Bilder sehen.

Man kann natürlich auch während der Traumreise selber die Aufmerksamkeit mehr auf Bilder oder Worte oder Gerüche usw. richten.

Es ist auch möglich, das Hören von Worten auf der Traumreise zu verselbständigen und als kleines Hilfs-Element im Alltag zu benutzen und einfach kurz innerlich eine Frage an das eigene Unterbewußtsein oder auch an eine Gottheit zu richten und dann zu lauschen, was als Antwort kommt.

II 12. Glossolalie

Die Glossolalie oder das „Sprechen in Zungen" ist eine Spezialform des automatischen Sprechens. Das Besondere an dieser Variante ist, daß man dabei in Sprachen spricht, die man nie erlernt hat und die man evtl. auch noch nie gehört hat.

In manchen Fällen überkommt die Glossolalie den Betreffenden unverhofft, in anderen Fällen kann dieses „Sprechen in fremden Zungen" bewußt hervorgerufen werden.

Manchmal kann die verwendete Sprache identifiziert werden, manchmal aber auch nicht.

Es gibt genügend dokumentierte Fälle, in der ein Mensch plötzlich eine fremde Sprache sprechen konnte, ohne sie gelernt zu haben. Dabei geht es nicht nur um nah verwandte Sprachen, sondern auch um völlig fremde Sprachen wie z.B bei der Engländerin, die plötzlich Chinesisch sprechen kann.

Offenbar hat sich das Unterbewußtsein bei der Glossolalie telepathisch in das kollektive Unterbewußtsein des Volkes „eingeloggt", dessen Sprache es auf einmal sprechen kann.

Soweit mir bekannt ist, ist das „Erlernen" der Glossolalie fast immer auf spontane Weise unbewußt und ungewollt geschehen – aber es gibt eigentlich keinen Grund für die Annahme, daß dies nicht auch bewußt möglich sein sollte.

Bei der Glossolalie kommt als wesentliches Element das kollektive Unterbewußtsein des Volkes, dessen Sprache bei der Glossolalie gesprochen wird, zu dem Wachbewußtsein hinzu.

Die automatische Bewegung findet bei der Glossolalie im Hals und im Mund statt, die die Worte formen, die dem Wachbewußtsein unbekannt sind.

Der bekannteste Fall der Glossolalie in der westlichen Kultur ist vermutlich das Sprechen der Apostel an Pfingsten in den verschiedensten Sprachen, die sie nie gelernt hatten.

II 13. Das Verstehen fremder Sprachen

Das Verstehen von fremden Sprachen kommt deutlich häufiger vor als das Sprechen von fremden Sprachen – manchmal weiß man einfach ganz genau, was ein anderer in einem fremden Land sagt, auch wenn man die Sprache nicht kennt. Manchmal hört man die fremde Sprache dabei, also ob sie simultan in die eigene Muttersprache übersetzt worden wäre, manchmal sieht man die Bedeutung der Worte auch als Bilder.

Ich selber habe das schon mehrfach erlebt und kenne auch selber mehrere Menschen, die dieses seltsame Phänomen kennen. Das kann bei Urlauben in fremden Ländern sehr praktisch sein …

II 14. Telekinese

Die Telepathie ist nicht die einzige Verbindung, die das Unterbewußtsein „nach außen hin" hat. Neben der „direkten externen Wahrnehmung" durch das Bewußtsein gibt es auch die „direkte externe Wirkung" durch das Bewußtsein, also die Telekinese.

Da sich die verschiedenen Formen des Auto-Movement auf den Übergang zwischen dem Wachbewußtsein und dem Unterbewußtsein beziehen, also auf die „Tür" zwischen „Büro" und „Archiv", sollte man davon ausgehen können, daß eine genauere Betrachtung der telekinetischen Phänomene das Wesen des Auto-Movement noch klarer werden läßt.

II 14. a) Smilie-Versuch

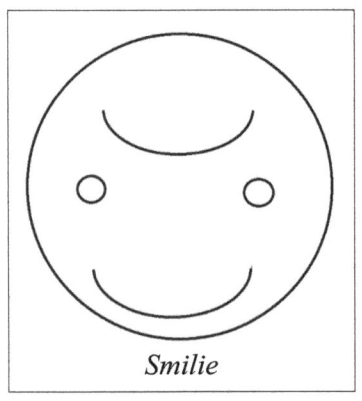

Smilie

Für den „Smilie-Versuch" braucht man ein Blatt Papier, auf das der links abgebildete „Smilie" gezeichnet wird. Dieses Blatt mit der Zeichnung wird so an den Rand eines Tisches gelegt, daß ein Mensch, der vor dem Tisch steht, dieses Bild wie links abgebildet sieht.

Nun stellt sich Person A vor den Tisch und breitet seine Arme nach links und rechts wie ein „T" bzw. wie ein Kreuz aus. A soll bei den folgenden Versuchen seine Arme möglichst in dieser Haltung halten und sie nicht ändern.

Person B stellt sich hinter A und legt ihre rechte Hand auf den rechten Ellenbogen von A und ihre linke Hand auf den linken Ellenbogen von A.

A blickt auf den Smilie und B drückt auf die Ellenbogen von A. Nichts passiert – B kann sich auf die Ellenbogen von A aufstützen und ihre Füße in der Luft baumeln lassen.

umgedrehtes Smilie

Nun wird das Smilie umgedreht (siehe die Abbildung links) und der Versuch in derselben Weise wiederholt – und die Arme von A klappen kraftlos nach unten. A ist nicht in der Lage, seine Arme oben ausgestreckt zu halten.

Was ist hier passiert? Offensichtlich hat der Blick auf das Bild eine größere Wirkung auf A als der bewußte Entschluß von A, seine Arme oben zu halten.

Es sind zwei Wirkungsweisen möglich:

- Zum einen könnte das „depressive Smilie" A suggerieren, daß er nun mit seinem Versuch, seine Arme oben zu halten, scheitert.

- Zum anderen könnten die beiden „∩" des Mundes und der Stirnfalte des Smilies A suggerieren, daß er seine Arme fallen lassen soll, sodaß sie dann zusammen mit seinen Schultern dieselbe Haltung haben wie das „∩".

Dieser Versuch zeigt, daß das Unterbewußtsein auch auf äußere Informationen reagiert und nicht nur auf den Entschluß im Wachbewußtsein. Offenbar ist der Eindruck, den der Anblick des „∩" auf das Unterbewußtsein macht, deutlich größer als der Entschluß, die Arme oben zu halten.

Die Konzentration auf den „∩"-Smilie durch das Wachbewußtsein im „Büro" (A blickt bei dem Versuch auf den Smilie) sendet offenbar den „Büro-Boten" mit der Nachricht in das „Archiv", daß der „∩"-Zustand erreicht werden soll.

Dieser Versuch zeigt deutlich, wozu Suggestionen, Werbung, Demagogie u.ä. in der Lage sein können, wenn man nicht mehr bewußt steuert, worauf sich das eigene Wachbewußtsein konzentriert.

II 14. b)   Drachenklauen-Versuch

Von dem Smilie-Versuch gibt es viele Varianten, von den einer der „Drachenklauen-Versuch" ist:

A stellt sich aufrecht hin und streckt seinen rechten Arm gerade vor sich aus – die Handfläche nach oben. B streckt ihm den eigenen rechten Arm gerade entgegen – die Handfläche nach unten.
B legt seine Hand auf die Hand von A und versucht, den Arm von A hinunter zu drücken – vergeblich.

Dann hebt B seinen rechten Arm in die Höhe und streckt seinen Zeigefinger nach oben aus und stellt sich vor, daß sein Zeigefinger eine Drachenklaue ist. Dann drückt er mit seinem Zeigefinger A leicht auf die Stelle zwischen den Augenbrauen („Drittes Auge").
Nun halten A und B ihre ausgestreckten Arme wie zuvor – und B drückt den Arm von A mühelos nach unten.

Auch hier gibt es zwei Erklärungsmöglichkeiten:

- Das Erheben des Armes durch B und sein nach-oben-Zeigen mit seinem Zeigefinger ist eine Geste der Größe, die von dem Unterbewußtsein von A als Dominanz von B über A verstanden und akzeptiert wird.

- Der Druck auf das Dritte Auge von A wird von diesem als Unterwerfung von A unter B verstanden und akzeptiert – im Dritten Auge liegt der Wille, die Ausrichtung in der Welt, die eigenen Ziele. Möglicherweise stellt dieser leichte Druck auf das Dritte Auge vorübergehend den Willen von A ab, d.h. er gibt unbewußt seinen Widerstand gegen das Herabdrücken des Armes von A durch B auf.

II 14. c)   Shaolin-Versuch

Für den „Shaolin-Versuch" wird eine Tischplatte, ein Zaunpfahl oder etwas ähnliches gebraucht, das eine glatte Fläche in ungefähr 1,20m Höhe hat.
Person A legt ihre linke Faust auf diese Fläche. Person B und Person C ergreifen das Handgelenk und die Faust von A und halten sie auf der Fläche fest.
Nun blickt A auf seine Faust, die von B und C festgehalten wird, und versucht sie fortzuziehen – vergeblich …

Jetzt wird die Versuchsanordnung verändert: A wendet sich von B und C fort und blickt in seine rechte Handfläche, die er mit leicht angewinkelten Arm im Abstand von ca. 40cm vor seine Augen hält – und geht einfach fort und zieht B und C hinter sich her.

Bei diesem Versuch ist die Geste, die den Unterschied macht, das Blicken in die eigene Hand und das „sich nicht um die beiden, die die Faust festhalten, kümmern". Hier gibt es wieder zwei Deutungsmöglichkeiten:

      - B und C verlieren an Kraft, weil sie sehen, daß A sich nicht um sie kümmert.

      - A gewinnt an Kraft, weil er sich nicht um B und C kümmert.

Zunächst einmal gibt es hier keine Möglichkeit, sich für eine der beiden Deutungen als die zutreffende Beschreibung zu entscheiden.

Es ist jedoch beachtenswert, daß sich hier die Deutungs-Variante aufdrängt, daß A stärker geworden ist und nicht B und C schwächer. Man könnte auch die beiden vorigen Versuche („Smilie" und „Drachenklaue") so deuten, daß B stärker geworden ist – aber das ist zumindestens bei dem „Smilie-Versuch" unwahrscheinlich, da sich dort A auf den Smilie konzentriert und B nichts Besonderes tut.

II 14. d) Hepp-Versuch

Person A legt sich mit dem Bauch auf die Erde und legt ihre Arme neben ihren Körper oder neben ihren Kopf. Person B legt sich mit ihrem Bauch quer über die Waden von Person A. Beide Personen zusammen sehen nun ungefähr wie ein „T" aus.

Person A versucht nun, Person B mit ihren Beinen hochzuheben – was in aller Regel nicht gelingen wird. Dabei sollte Person A auf ihre Beinen achten und sich nicht durch eine verbissene Überanstrengung eine Muskelzerrung zuziehen.

Dann stellt sich Person A vor, daß von ihrem Kopf bis in ihre Füße ein weißer Lichtstrahl fließt, der sich in ihrem Gesäß in zwei Strahlen aufteilt. Dann stellt sich Person A vor, daß Person B nur ein kleines Kissen ist, das leicht wie ein Federwölkchen ist. Nun sagt Person A innerlich „Hepp!" und hebt dabei Person B mit ihren Waden hoch – und Person B wird aller Wahrscheinlichkeit nach mit einigem Schwung über den Rücken von Person A kullern …

Hier ist ganz deutlich A die aktive Person. Da sie ja nicht das reale Gewicht von B verringern kann, muß hier etwas anderes geschehen. Dafür gibt es auch hier zwei Deutungen:

- A vergrößert seine Kraft. Da würde sich die Frage stellen, wie er dazu in der Lage sein kann.

- A benutzt Telekinese, d.h. er weist durch die von ihm imaginierten Bilder sein Unterbewußtsein an, die Person B, die auf seinen Waden liegt, telekinetisch schwungvoll hochzuheben.
Sofern man bereits Telekinese erlebt hat, ist dies die wahrscheinlichere Deutung.

Es gibt einige Fälle mit vielen Augenzeugen, in denen ein Mensch einen Gegenstand hochgehoben hat, der so schwer ist, daß ihm dies normalerweise vollkommen unmöglich gewesen wäre. Ein solcher Fall ist z.B. die Mutter, die einen LKW anhebt, um ihr Kind, das halb unter eines der Räder des LKWs geraten ist, zu befreien.

Wenn man von Telekinese als möglicher Erklärung ausgeht, könnte auch bei den vorigen Versuchen Telekinese im Spiel sein. Die beiden ersten Versuche („Smilie" und „Drachenklaue") lassen sich jedoch auch gut ohne Telekinese erklären. Lediglich den Sholin-Versuch könnte man auch durch Telekinese erklären.

II 14. e) Stuhl-Versuch

Es gibt einen einfachen Levitations-Versuch, also „Schwebe-Versuch". Für ihn benötigt man fünf Personen.

Einer setzt sich auf einen Stuhl, die anderen vier stehen um ihn herum. Die vier Personen halten ihre Hände waagerecht mit den Handinnenflächen nach unten nebeneinander, ballen die Finger zu zwei Fäusten und strecken dann nur die beiden Zeigefinger nach vorne, die sich dabei auf der ganzen Länge berühren.

Dann stecken die vier stehenden Personen ihre Zeigefinger unter die beiden Achseln und unter die beiden Kniekehlen des Sitzenden und versuchen ihn hochzuheben – was mit großer Wahrscheinlichkeit nicht gelingen wird.

Als nächstes legen die vier Stehenden ihre Hände übereinander auf den Kopf des Sitzenden und singen zusammen einen Ton – einfach ein „a" auf einer beliebigen Tonhöhe.

Nun wird das Heben des Sitzenden mithilfe der Zeigefinger wiederholt – was nun mühelos gelingt, da der Sitzende kein Gewicht mehr zu haben scheint.

Man kann dieses Phänomen am einfachsten mit Telekinese erklären – die vier „Heber" sind nicht plötzlich stärker geworden und sie spüren auch keinen großen Druck auf ihre beiden Zeigefinger an den Achseln und den Kniekehlen des

„Sitzenden". Das Hochheben ist ganz leicht …

Man könnte den Effekt bei diesem Versuch auch als „Levitation" bezeichnen, aber was ist Levitation anderes als Telekinese, die man für das Schweben-lassen von Dingen und Menschen benutzt?

Somit gibt es nun schon drei Versuche, bei denen die Mitwirkung von Telekinese sehr wahrscheinlich ist (Shaolin-Versuch, Hepp-Versuch und Stuhl-Versuch).

II 14. f) Papierrädchen-Versuch

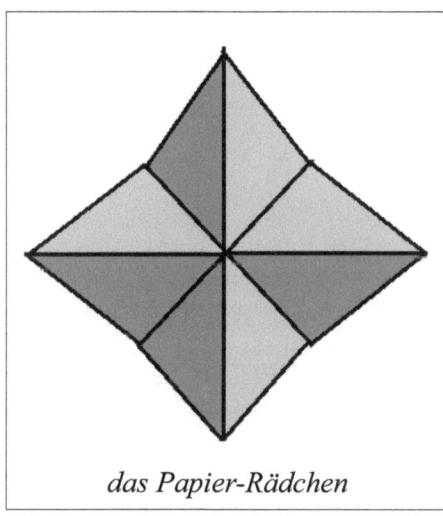

das Papier-Rädchen

Es gibt einen Versuch, mit dem man die Telekinese direkt nachweisen kann. Man kann ihn bei „youtube" unter dem Stichwort „psi-wheel" finden. Es ist jedoch sinnvoll, den Versuch selber durchzuführen, damit man erlebt, daß er wirklich funktioniert.

Bei diesem Versuch steckt man eine Stecknadel durch ein Stück Pappe und legt beides so auf einen Tisch, daß die Nadelspitze nach oben zeigt.

Dann faltet man ein Stück Papier von der Größe von 3,5cm · 3,5cm, daß es am Ende so wie auf der Abbildung links aussieht. Dann legt man das Papier-Rädchen mit seiner Mitte auf die Nadelspitze, sodaß es dort ruhig liegt und mit einem sehr geringen Kraftaufwand gedreht werden kann.

Schließlich hält man seine Hände neben das Papierrädchen und stellt sich vor, daß Papier-Rädchen zu drehen.

Dieser Versuch läßt sich nur durch Telekinese erklären.

Diese Experimente erfordern ein erweitertes Bild von dem Büro-Boten und seinen Möglichkeiten:

  - Der Büro-Bote kann für das Wachbewußtsein an dem Schreibtisch in seinem Büro Informationen aus dem Archiv, d.h. aus dem Unterbewußtsein holen.
  Dies ist ein „interner Vorgang".

  - Der Büro-Bote kann im Archiv per Telepathie Informationen aus anderen

Häusern der Stadt anfordern und sie dann ins Büro bringen.

Hierbei benutzt er das kollektive Unterbewußtsein, das alle „Häuser" mit telepathischen „Telefonleitungen" miteinander verbindet.

Dies ist ein „externer Vorgang".

- Der Büro-Bote folgt nicht nur den bewußten Anweisungen des Wachbewußtseins im Büro, sondern auch den Informationen, auf die sich das Wachbewußtsein konzentriert – Informationen, auf die sich das Wachbewußtsein entweder durch einen eigenen Entschluß konzentriert, durch die Manipulation von anderen oder evtl. auch aus Versehen und nebenbei.

Dies ist ein „externer Vorgang".

- Der Büro-Bote kann im Archiv auch eine telekinetische Handlung beauftragen, wenn der Büro-Bote einen deutlichen Auftrag dafür erhält.

Auch dies ist ein „externer Vorgang".

II 14. g) Sigillen-Magie

In der Sigillen-Magie, bei der Talisman-Magie, bei Anrufungen und einigen anderen Formen der Magie, durch die der Magier die Erfüllung eines Wunsches herbeiführen will, konzentriert er sich auf ein Bild, das den erfüllten Wunsch darstellt. Das kann eine Sigille, eine Planetensymbol, eine Zeichnung, ein imaginiertes Bild usw. sein.

Dieses Bild, das im Büro des Wachbewußtseins erschaffen wird, wird von dem Büro-Boten dann in das Archiv gebracht. Ab diesem Zeitpunkt sollte der Magier den Büro-Boten nicht mehr stören – das ist dieselbe Situation wie bei dem Büro-Boten, der eine vergessene Erinnerung aus dem Archiv des Unterbewußtseins hervorholen soll.

Der Büro-Bote sendet nun aus dem Archiv heraus telepathische Botschaften und evtl. auch telekinetische Impulse, die mittels des kollektiven Unterbewußtseins zu den Menschen und Dingen gelangen, die dem Magier seinen Wunsch erfüllen können. Das Ergebnis dieser telepathischen und telekinetischen Aktionen des Büro-Boten im Archiv ist dann der „sinnvolle Zufall", der den Wunsch des Magiers erfüllt.

II 14. h) Wünsche

Der Büro-Bote muß jedoch nicht mit großem Aufwand angewiesen werden, was er tun soll – es reicht ein „Wunsch nebenher", an den man anschließend gar nicht mehr denkt. Solche Wünsche neigen dazu, sich zu erfüllen.

Dieser Zusammenhang ist weit verbreitet – auch wenn man an etwas denkt, was man nicht will, neigt dieses Bild des Unerwünschten dazu, sich zu verwirklichen. Dieser Zusammenhang hat das Sprichwort „Wenn man vom Teufel spricht …“ entstehen lassen und auf ihm ist auch das Prinzip des „positiven Denkens" aufgebaut.

II 14. i) Arm-Experiment

Bei dem Arm-Versuch sitzt Person A an einem Tisch und Person B daneben. A hält seine Augen geschlossen (evtl. die Augen mit einer Binde bedecken). Beide legen ihren rechten Arm auf den Tisch.

Nun zeigt B mit seinem linken Arm und dem ausgestreckten linken Zeigefinger mit einer befehlenden Geste auf A (eine symbolische Verbindung). Wenn B dann seinen Arm hebt, wird A dies auch tun, und wenn B seinen Arm senkt, wird A dasselbe tun – und das, ohne daß A sehen kann, was B tut.

Dieser Versuch ist ein weiterer Nachweis der Telepathie. Die Befehls-Geste von B hat offenbar die Wirkung, daß B den Armbewegungs-Befehl zu A sendet und A diesen Befehl empfängt und befolgt.

Dieser Versuch läßt das kollektive Unterbewußtsein ein wenig anschaulicher werden – A und B sind offenbar telepathisch aneinander gekoppelt.

II 15. Invokation

„Invokation" bedeutet „Hereinrufen". Dieser Begriff bezieht sich auf das Hereinrufen einer Gottheit in den Menschen, der diese Gottheit anruft.

So lesen z.B. die Jesuiten-Mönche jeden Tag Szenen aus dem Neuen Testament, in denen über Christus berichtet wird – aber nicht aus der Sicht eines Zuschauers, sondern aus Christi Sicht. Durch diese Art des Lesens und der Meditation identifizieren sich die Jesuiten mit Jesus – und sind deshalb als „Jesuiten", also als „Jesus-Männer" benannt worden.

Im tibetischen Buddhismus identifizieren sich die Mönche mit ihrem Guru und mit verschiedenen Aspekten Buddhas.

Die Methode ist immer ähnlich, egal bei welchem Volk und in welcher Religion Invokationen durchgeführt werden: Man imaginiert die Gestalt der Gottheit möglichst lebhaft und vereint sich dann mit dieser Gottheit. Im Westen stellt man sich die Gottheit in der Regel vor sich stehend vor, im Osten meistens über dem eigenen Kopf schwebend.

Das ist eine Methode des inneren Wachstums, die auch bei Kindern sehr beliebt ist, die oft spielen, ein Pferd zu sein oder ein Held wie Obi wan Kenobi aus Star-Wars.

Eine solche Identifikation kann eher oberflächlich sein, aber auch sehr intensiv. Ich kenne eine Frau, die früher an Karfreitag Wunden an Händen, Füßen und am Bauch bekommen hat, weil sie so eng mit Christus verbunden gewesen ist.

Durch die Identifikation mit einem Vorbild kann man, wenn diese Identifikation intensiv genug ist, auch deren Lebensgefühl und deren Fähigkeiten übernehmen. Das kann man auch im Kleinen erleben, wenn man sich beim Anschauen eines Filmes in eine der Figuren in dem Film versetzt und dann nach dem Ende des Filmes noch eine Weile in dem Körpergefühl und dem Lebensgefühl dieser Figur bleibt.

Die Anrufung einer Gottheit kann dazu führen, daß man die Kräfte dieser Gottheit hat. Dazu ist keine formale Identifikation durch eine umständliche Invokation notwendig: Christus hat sich, bevor er ein Wunder getan hat, bei Gott dafür bedankt, daß er gleich dieses Wunder geschehen lassen wird – bei Christus und Jahve ist die Verbindung zwischen beiden durch Christi unerschütterliches Vertrauen in Gott ständig präsent gewesen.

Ein wichtiges Element bei diesen Invokationen ist das Bild dessen, den man invoziert. Er ist auch das Bild dessen, was man erreichen will. Es ist also die Konzentration auf das Ziel – das entspricht der bereits geschilderten Sigillen-Magie und ebenso den Bildern die durch den „Büro-Boten" in das Unterbewußtsein gesandt werden.

Die Invokation ist also eine bildhafte Botschaft des Wachbewußtseins in seinem „Büro" an das Archiv des Unterbewußtseins, von wo aus dann auch telepathische und telekinetische Aktionen in Gang gesetzt werden.

Da Gottheiten nicht nur Bilder in dem persönlichen Unterbewußtsein, sondern auch in dem kollektiven Unterbewußsein sind, ist die Wirkung eines Gottheiten-Bildes natürlich besonders groß.

Das Erschaffen von Fähigkeiten durch ein Bild findet sich auch in einzelnen Handlungen. So rät z.B. mein Sohn den Jugendlichen, die bei ihm Parcour und Ninja-Warrior lernen, sich z.B. einen Sprung, der ihnen schwerfällt, erst einmal im Sitzen mit geschlossenen Augen innerlich so lange vorzustellen, bis sie ihn in jeder Einzelheit fühlen können. Wenn sie das erreicht haben, können sie auch diesen Sprung auch mit ihrem Körper durchführen.

Das ist letztlich nichts anderes als auch der Hepp-Versuch oder der Shaolin-Versuch: Man imaginiert ein Bild, das dann die Tat ermöglicht.

II 16. Orakel

Es gibt noch eine automatische Bewegung, die zunächst einmal gar nicht als solche auffällt: Das Auswählen einer Tarotkarte, das Werfen von Runensteinen, das Teilen der Schafgarbenstengel beim I Ging usw.

Bei einem Orakel stellt man eine Frage und beginnt dann mit einer Handlung, die am Ende zu einer Antwort auf diese Frage führt. Wenn man diesem Vorgang das in diesem Buch benutzte Modell zugrundelegt, ergibt sich ein einfacher Ablauf:

- Das Wachbewußtsein in seinem „Büro" spricht die Frage aus.

- Der „Büro-Bote" bringt die Frage in das „Archiv".

- Von dem „Archiv aus werden telepathisch die notwendigen Informationen aus der „Stadt", also aus dem kollektiven Unterbewußtsein eingeholt: die Antwort auf die Frage und z.B. auch die Reihenfolge der Tarot-Karten in dem vor dem Ratsuchenden liegenden Kartenstapel.

- Vom „Archiv" aus wird gesteuert, welche Tarot-Karten die Hände auswählen.

- Das „Büro" deutet anhand seiner Kenntnisse der Tarot-Karten diese Karten als Antwort auf die von ihm gestellten Fragen.

- Das „Archiv" sendet dem „Büro" evtl. noch einige Bilder und Informationen als „Eingebung", die das „Büro" dann noch der Deutung hinzufügt. Dieser Vorgang ist sozusagen eine „halbbewußte und ungeplante Traumreise".

Der Aspekt des Auto-Movements ist bei diesem Vorgang das Ziehen der „richtigen" Tarot-Karten, die die Antwort auf die gestellte Frage enthalten.

II 17. Feuerlauf

Bei einem Feuerlauf geht man barfuß über 700-800° heiße glühende Kohlen. Man kann die glühende Holzkohle auch in die Hände nehmen, sich nackt auf die Glut legen oder ein Stück Glut aufessen.

Feuerlaufen ist eine extreme Form der Telekinese, wenn man den Begriff „Telekinese" etwas weiter gefaßt als „Beeinflussung der normalem Eigenschaften und des normalen Verhaltens von Materie" definiert.

Man kann nicht wirklich beschreiben, was man beim Feuerlauf macht und schon garnicht erklären, wie er funktioniert. Man beschließt etwas und führt es dann durch.

Auch hier sendet das Büro mithilfe des Büro-Boten ein Bild an das Archiv, das per Telekinese den Körper vorübergehend unempfindlich gegen Glut macht.

Der Büro-Bote ist der wesentliche Akteur in der Magie.

II 18. Krafttier

Die bisher geschilderten Vorgänge wie z.B. das Auspendeln des Ortes, an dem man seinen Personalausweis hat liegen lassen, oder der Shaolin-Versuch stehen in der Psyche nicht vereinzelt da – das Archiv ist kein großes Chaos, sondern wohlgeordnet.

Eins der wichtigen Bilder im Archiv ist das Krafttier, das die eigene Art und Weise des Handelns darstellt. Zwei weitere wichtige Bilder sind die Kraftpflanze, die die eigene Haltung verdeutlicht, und der Kraftstein, der die Art der eigenen inneren Strukturen zeigt.

Der Büro-Bote betritt also keine Halle voller Chaos, wenn er aus dem Büro kommt und das Archiv betritt. In dem Archiv ist, wie die Traumdeutung, die Traumreisen, die Hypnose, die Psychologie usw. zeigen, durch Assoziationen geordnet. Dadurch werden die einzelnen Erinnerungen zu komplexeren Bildern, also zu Symbolen zusammengefaßt. Diese Symbole werden wiederum miteinander zu den „Haupt-Bildern" wie „Mutter", „Gefahr", „Sex", „Nahrung u.ä." verknüpft.

Wie die Telepathie zeigt, werden diese „Haupt-Bilder" wie z.B. das Bild der Mutter, das es in allen Menschen gibt, noch einmal zu den Urbildern in dem kollektiven Unterbewußtsein verbunden. Diese Urbilder sind die Gottheiten.

Diese Bilder in der Psyche und im kollektiven Unterbewußtsein sind nicht nur völlig passive „Bücher in den Regalen des Archivs", sondern haben eine Eigendynamik, die sich zeigt, wenn man bewußt Kontakt z.B. mit dem eigenen Krafttier oder mit einer Gottheit aufnimmt.

Das Krafttier verfügt über alle Möglichkeiten, über die auch der Büro-Bote verfügt – das Krafttier ist ein Teil des Archivs. Man kann also auch das eigene Krafttier bitten, etwas Verlorenes zu finden, oder eine Gottheit bitten, etwas Erwünschtes in das eigene Leben zu bringen.

Das Krafttier ist jedoch mehr als nur ein Teil des eigenen Archivs – es bildet zusammen mit allen anderen Krafttieren derselben Art in anderen Menschen ein Urbild. Diese Krafttiere haben zudem eine gemeinsame Mutter – die Muttergöttin dieser Tierart.

In den inneren Bildern im Archiv (persönliches Unterbewußtsein) und in der Stadt (kollektives Unterbewußtsein) gibt es vielfältige Zusammenhänge …

Ich habe z.B. einmal im Siebengebirge einen Freund besucht, der gerade umgezogen war. Auf dem Weg dorthin hat sich eine Schraube an meinem Fahrrad gelockert, die ich für die Rückfahrt wieder festschrauben wollte. Da mein Freund gerade erst umgezogen war, wußte er nicht, wo der Schraubenschlüssel in seiner neuen Wohnung liegen könnte. Daraufhin habe ich meine Wölfin gefragt, ob sie wüßte, wo der Schraubenschlüssel liegt. Sie hat mir daraufhin eine der Schubladen an einem Schrank gezeigt – in der der Schraubenschlüssel auch tatsächlich gelegen hat.

Wenn man die in den bisherigen Kapiteln dieses Buches beschriebenen Experimente und die Erkenntnisse aus diesen Experimenten, die alle eher nüchtern-sachlich beschrieben worden sind, mit dem eigenen Krafttier verbindet, werden diese Möglichkeiten deutlich lebendiger.

II 19. Integration

Die automatischen Bewegungen sind kein Ziel an sich. Sie machen lediglich die Telepathie und die Telekinese leichter zugänglich. Letztlich ist es natürlich erstrebenswert, sowohl die Telepathie als auch die Telekinese möglichst bewußt werden zu lassen, sodaß sie genauso selbstverständlich wie das Sehen mit den Augen und das Handeln mit den Händen werden. Man wird dann im „Bereich der Lebenskraft" wahrnehmungsfähig und handlungsfähig.

Durch die Wahrnehmungsfähigkeit im „Bereich der Lebenskraft" wird man zum Seher oder zur Seherin;

durch die Handlungsfähigkeit im „Bereich der Lebenskraft" wird man zum Magier oder zur Magierin.

III   Das unabsichtliche Auto-Movement

Bisher sind nur diejenigen automatischen Bewegungen betrachtet worden, die derjenige, der sie ausführt, auch gewollt hat. Es gibt jedoch auch eine Reihe von automatischen Bewegungen, die von dem, der sie ausführt, nicht gewollt sind.

III 1.   Schlafwandeln

Die bekannteste unbeabsichtigte automatische Bewegung ist das Schlafwandeln. Dabei geht der Schlafende meistens in dem Haus, in dem er wohnt, an einen anderen Platz. Dieses Phänomen kommt bei ca. 15% der Kinder und bei ca. 2,5% der Erwachsenen vor – es ist also kein seltenes Phänomen.

Der Zustand des Schlafwandelns dauert einige Minuten bis eine Stunde. Die Schlafwandler gehen oft einfach immer weiter geradeaus, wodurch sie Gefahr laufen, gegen eine Wand zu stoßen oder eine Treppe hinunterzufallen. Es gibt jedoch auch Schlafwandler, die ihre Umgebung wahrnehmen, aber trotzdem weiterschlafen.

Dieser Zustand entspricht der Hypnose – in beiden Fällen wird der Körper des Betreffenden von seinem Unterbewußtsein gesteuert, während das Wachbewußtsein „abgeschaltet" ist. Wie die meisten Hypnotisierten sind auch viele Schlafwandler ansprechbar – allerdings kann man nur mit dem Unterbewußtsein des Betreffenden reden. Dies zeigt sich u.a. darin, daß die Schlafwandler wie Hypnotisierte das tun, was man ihnen sagt – z.B. ins Bett zurückzukehren. Unter Kindern wird dies manchmal ausgenutzt, um den schlafwandelnden Bruder bzw. die schlafwandelnde Schwester an einen „komischen Ort" wie z.B. in die Badewanne zu schicken …

Das „im Schlaf Sprechen" ist eine Variante des Schlafwandelns, die in der Regel nur für maximal eine Minute eintritt, in der man dann dem Schlafenden Fragen stellen kann, die dieser dann auch wahrheitsgemäß beantwortet – wie unter Hypnose.

Beim Schlafwandeln und beim „Schlaf-Sprechen" übernimmt das Unterbewußtsein wie bei den vielen Varianten der automatischen Bewegungen die Lenkung des Körpers.

Die Bewegungen eines Schlafwandlers sehen auch ähnlich aus wie die bei den Versuchen, bei denen man dem eigenen Körper einen Auftrag gibt und dann zuschaut, wie er diesen Auftrag ausführt. Allerdings sehen die Bewegungen der Schlafwandler etwas weniger hart aus – sie wirken eher tapsig. Möglicherweise liegt dieser Unterschied daran, daß das Wachbewußtsein bei den „Auto-Movement"-Versuchen im Gegensatz zu den Schlafwandlern präsent ist (aber sich auf die Rolle des Zuschauers von dem, was der eigene Körper macht, beschränkt).

III 2. Hypnose

Bei der Hypnose wird durch Worte oder Gesten oder das Streichen über den Lebenskraftkörper („Mesmerismus") das Wachbewußtsein des Hypnotisierten „abgeschaltet". In der Hypnose kann man daher noch mit dem Betreffenden reden und ihn auffordern, bestimmte Dinge zu tun, aber man hat als Gegenüber nur das Unterbewußtsein des Hypnotisierten und nicht sein Wachbewußtsein. Daher wissen die Hypnotisierten nach ihrem Aufwachen, also nach der Rückkehr ihres Wachbewußtseins, in der Regel auch nicht mehr, was sie unter der Hypnose gesagt und getan haben.

Bei der Hypnose bestimmt der Hypnotiseur, was der Hypnotisierte tut – der Hypnotiseur schickt durch seine Worte einen „Büro-Boten" in das „Archiv" des Hypnotisierten, wo der „Büro-Bote" dann seinen Auftrag ausführt.

Die Worte des Hypnotiseurs gleichen also sehr stark der Wirkung des Smilie-Bildes in dem Abschnitt „13 a)" in diesem Buch: Es kommt eine Information von außen in das Unterbewußtsein des Betreffenden, die bestimmt, in welcher Weise das Unterbewußtsein des Betreffenden den eigenen Körper lenkt – und bei Bedarf auch die Telepathie und die Telekinese hinzunimmt.

III 3. Fernhypnose

Bei der Fernhypnose wird ein Mensch von einem anderen hypnotisiert, obwohl beide mehrere Kilometer voneinander entfernt sein können. Bei der Fernhypnose sind die Hypnose und die Telepathie miteinander kombiniert worden.

Bei diesem Vorgang sendet der Hypnotiseur telepathisch eine Information in das Unterbewußtsein des Hypnotisierten.

Bei den bisherigen Betrachtungen hat das Unterbewußtsein immer die Telepathie zu Hilfe genommen, um bestimmte „externe Informationen" zu erlangen – mit Ausnahme des Arm-Versuches, bei dem die Person A die Person B durch Gesten, die Person B nicht sehen kann, die Bewegungen von Person B steuert. Bei der Fernhypnose nimmt der Hypnotiuer die Telepathie zu Hilfe.

Die telepathische Hypnose kann auch mit Personen durchgeführt werden, die im selben Raum sind: Der Hypnotiseur sendet dieser Person telepathisch einen Befehl, den sie dann auch ausführt. Wenn der Hypnotiseur Übung hat, kann er einem anderen Menschen sogar „befehlen", daß er sich für einen Hund hält und jemand anderes ins Bein beißt.

Diese Form der Hypnose ist aus den „Star Wars"-Filmen als die Befehls-Geste der Jedi-Ritter bekannt und aus den „Harry Potter"-Büchern als der „Imperio!"-Zauberspruch. Es gehört allerdings viel Willen und Konzentrationsfähigkeit dazu, einen solchen hypnotischen Befehl wirkungsvoll aussenden zu können.

Der Unterschied zur normalen Telepathie, bei der ein Mensch z.B. plötzlich innerlich den Wunsch eines anderen „hört" und ihm dann den gewünschten Apfel vom kalten Buffet mitbringt, unterscheidet sich von der telepathischen Hypnose dadurch, daß bei der normalen Telepathie keiner seinen eigenen Willen dem anderen aufdrängt.

Wie man sehen kann, führt die Betrachtung all dieser „Auto-Movement"-Vorgänge, bei der es in der einen oder anderen Weise zu einer automatischen, nicht bewußt gesteuerten Bewegung kommt, schrittweise zu einem besseren Verständnis der Arbeitsteilung zwischen den verschiedenen Bewußtseinsformen in der Psyche – und auch zu einem besseren Verständnis für die Möglichkeiten, diese Arbeitsteilung zu nutzen, sowie für die Möglichkeiten, den reibungslosen Ablauf diese Arbeitsteilung von außen her zu stören.

Diese Erkenntnisse führen schließlich zu einer verbesserten Chance, eigenständig und selbstbestimmt zu handeln – durch das verbesserte Verständnis für den Aufbau und die Abläufe in der eigenen Psyche.

III 4.   Die unbewußte Invokation

Die bewußte Variante einer Invokation besteht darin, daß man etwas will und sich dafür die Hilfe einer Gottheit holt bzw. diese Gottheit darum bittet. In dem in diesem Buch benutzten Haus-Gleichnis wird dabei vom Büro aus der Büro-Bote in das Archiv geschickt, von wo aus er telepathisch Kontakt zu dem passenden Urbild (Gottheit) in der Stadt aufnimmt, das dann wiederum die erwünschten Dinge und Ereignisse in das Haus sendet, in dem sich das Büro befindet.

Es gibt jedoch auch den Fall, daß das Wachbewußtsein in seinem Büro etwas Bestimmtes tun will, aber noch keinen genauen Plan hat, wie es das durchführen könnte. In einem solchen Fall wird durch den Wunsch, etwas Bestimmtes zu erreichen, der Büro-Bote losgeschickt, der dann eigenständig das Passende organisiert.

Dieses Passende kann der Kontakt zu Pan sein, der dann eine heiße Nacht für den Betreffenden organisiert; es kann das intuitive Wissen über eine Form des klassischen indischen Tanzes sein, das man bei einer Tanz-Improvisation auf der Bühne plötzlich anwendet, ohne es jemals gelernt zu haben; es kann die Fähigkeit sein, einen schwierigen Sprung zu machen, den man noch nie geübt hat …

Es gibt viele Möglichkeiten und die meisten werden wahrscheinlich überhaupt nicht auffallen. Da das Wachbewußtsein keine bestimmte Lösung für sein Problem gerufen hat und auch garnicht beschlossen hat, sich hilfesuchend an jemand anderes wie z.B.

eine Gottheit zu wenden, fällt dem Wachbewußtsein diese Hilfe von außen evtl. nur dann auf, wenn man z.B. bemerkt, wo überall im eigenen Leben plötzlich Pan auftaucht, oder wenn man gefragt wird, wo man denn nur indischen Tempeltanz gelernt hat, oder wenn man bemerkt, daß man gerade einen Sprung gemacht hat, der einem immer völlig unerreichbar schien.

Die automatische Bewegung oder das „automatische Ereignis" braucht zwar so gut wie immer einen bewußten Impuls, aber dieser bewußte Impuls kann auch noch so vage und allgemein sein, daß das Wachbewußtsein diesen Impuls noch gar nicht als Wunsch wahrnimmt, der von dem Büro-Boten in das Archiv des Unterbewußtseins und von dort aus dann weiter in die Stadt des kollektiven Unterbewußtseins gebracht wird.

Das kann man dann wie einen „glücklichen Zufall" erleben – kaum hat man deutlicher bemerkt, daß es da einen intensiven Wunsch in einem gibt, kommt schon die Erfüllung des Wunsches. Bei dem Beispiel mit der Tanz-Improvisation ist es der Tänzerin vielleicht nicht einmal bewußt, daß sie gerade indisch tanzt – sie hat nur in die Situation hineingespürt und ist den Bewegungen gefolgt, die sich richtig angefühlt haben …

III 5. Stigmata

Vermutlich wird niemand absichtlich Stigmata haben wollen, also Christi Wunden, als er am Kreuz hing – denn diese Stigmara, also diese blutenden Wunden an Händen und Füßen (durch die Kreuz-Nägel) sowie am Bauch (durch den Speer) können ausgesprochen schmerzhaft und hinderlich sein.

Da diese Wunden jedoch zu der „Mythologie des Christus" gehören, besteht die Möglichkeit, daß das Archiv glaubt, daß es diese Wunden herstellen soll, wenn der Büro-Bote immer wieder vom Büro aus das Bild Christi in das Archiv bringt, weil der Betreffende sich immer wieder auf Christus konzentriert.

Dieser Vorgang ist letztlich nichts anderes als der Smilie-Versuch: Man sendet per Büro-Bote ein Bild in das Archiv, das dort dann eine Wirkung auslöst. Dieses Senden muß kein bewußtes Senden sein und dieses Senden muß auch nicht mit dem Wissen über die Folgen dieses Sendens verbunden sein – es reicht, daß sich das Wachbewußtsein in ausreichendem Maße auf das betreffende Bild konzentriert.

An diesem Punkt kommt die Schreibtischlampe auf dem Schreibtisch in dem Büro ins Spiel, die den Ekstase-Zustand symbolisiert. Der Ekstase-Zustand ist im Wesentlichen eine Einsgerichtetheit – die Schreibtischlampe richtet ein Spotlight auf das, was gerade das Wichtigste ist.

Wenn man z.B. immer wieder über Christus meditiert und Christus als das

Wesentliche in der Welt erlebt, dann wird der Büro-Bote dieses Bild mit einer großen Dringlichkeit in das Archiv bringen, was dort natürlich zu entsprechend intensiven Reaktionen führt – wie in diesem Fall evtl. der Bildung von Stigmata.

Diesen Vorgang gibt es auch im Alltag: Wenn man Nachts durch den Wald geht und auf einmal ein großer Hund angerannt kommt, wird man sich auch vollständig auf diesen Hund konzentrieren, wodurch der Büro-Bote dieses Bild in das Archiv bringt, woraufhin dort sofort alle möglichen Reaktionsweisen herausgesucht werden und dann per Büro-Bote ins Büro gesandt werden, wo dann eine dieser Handlungs-Möglichkeiten ausgewählt wird.

Zudem wird vom Archiv aus wahrscheinlich auch die Adrenalin-Produktion hochgefahren, damit eine schnelle körperliche Reaktion möglich wird.

III 6. Wiederholungszwang

Der im vorigen Abschnitt beschriebene Zusammenhang ist ein wesentlicher Teil des aus der Psychologie gut bekannten Wiederholungszwanges: Menschen kommen immer wieder in dieselbe Situation und erleben immer wieder dasselbe.

Dies liegt zum einen an dem Horoskop der Betreffenden, das bestimmte Themen in den Vordergrund rückt. Aber da man jedes Thema auf sehr verschiedenen Niveaus leben kann, kann man den Wiederholungszwang nicht auf das Horoskop reduzieren. So kann z.B. ein Quadrat (Trennung) zwischen Pluto (Wesentliches) und Saturn (Form) auf viele verschiedene Weisen gelebt werden: als Krimineller, der tut was er will (Pluto) und sich nicht um Gesetze (Saturn) kümmert; als Gefangener in einem Gefängnis (Saturn), wo er den Gesetzen (Saturn) unterworfen ist, aber nicht tun kann, was er will (Pluto); als Sozialkritiker, der das, was er will (Pluto), den Zuständen, wie sie sind (Saturn), entgegenstellt; als Magier, der tut, was er will (Pluto), und sich nicht um die Naturgesetze (Saturn) kümmert; usw.

Die Entscheidung, wie ein Mensch sein Horoskop lebt, liegt bei diesem Menschen, bei seinem Wachbewußtsein.

Der Wiederholungszwang entsteht auf eine sehr einfache Weise:
Wenn ein Mensch z.B. als Kind verlassen worden ist, ist es wahrscheinlich, daß dieser Mensch eine heftige Verlassenheits-Angst entwickelt. Dadurch ist dieses Bild in seinem Büro ständig präsent und der Büro-Bote sendet dieses Bild ständig ins Archiv, das sich darum bemüht, wieder Verlassenheits-Erlebnisse zu produzieren – was wiederum die Verlassenheits-Angst verstärkt.

Der Kreislauf „Bild im Büro → Bild im Archiv → zu dem Bild passendes Ereignis → Bild im Büro" erhält und verstärkt sich selber: der Wiederholungszwang.

Es besteht offensichtlich die Notwendigkeit, sich der eigenen inneren Bilder bewußt zu werden und sie zu verwandeln und auf ein höheres Niveau zu bringen und dadurch den Zwang, ständig unangenehme Erlebnisse zu wiederholen, zu beenden. Beim Erforschen dieser Bilder können Pendeln, Traumreisen usw. helfen, aber das eigentliche Heilen ist ein Thema, das den Rahmen dieses Buches sprengen würde.

Praktischerweise gibt es den Wiederholungszwang auch bei den angenehmen Dingen: Man erlebt etwas Angenehmes, sendet das Bild dieser Situation in das Archiv, das daraufhin erneut eine solche Situation herstellt: das „Glückskind".

Diesen Kreislauf kann man auch in der Meditation erleben: Wenn man eine zeitlang ein Mantra gesprochen hat, sich auf die Kundalini konzentriert hat, in die Stille gegangen ist usw. beginnt sich dieser Zustand zu stabilisieren. Er trägt sich sozusagen selber, er ruft sich selber hervor.

Dies erlebt man zunächst als eine Schwelle, die man überwinden muß, um in diesen Zustand zu kommen. Wenn man den Zustand erreicht hat, liegt man in ihm wie in einem flachen Tal, aus dem man nicht einfach herausrollen kann. Um diesen Zustand wieder zu verlassen, muß man ein wenig Energie aufbringen, und den „Hang des Tales" emporsteigen und dann wieder in einen anderen Zustand zu kommen.

Dieser Rückkoppelungs-Effekt ist ein wichtiger Aspekt der Dynamik des Büro-Boten.

III 7. Besessenheit

Die Besessenheit ist der Extremfall der automatischen Bewegungen – man sollte sie vielleicht besser „Kontrollverlust über den eigenen Körper" nennen. Allerdings sind Besessenheiten ausgesprochen selten.

Wenn man bei einem Menschen einen solchen Zustand erlebt, sollte man in Betracht ziehen, daß es sich auch um einen internen Vorgang handeln könnte, also um einen heftigen Widerspruch in der Psyche des Betreffenden, der zu Verdrängungen, Gefühlsausbrüchen, Realitätsverlust usw. geführt hat. Nicht jede extreme Handlung eines Menschen ist auf eine Besessenheit zurückzuführen. Der „Geist", der sich in einem Besessenheitszustand zeigt, also eben in einem extremen und oft auch gewalttätigen Verhalten, das mit einer Bewußtseinstrübung verbunden ist, kann auch ein Teil der Psyche des Betreffenden sein.

Wie die Hypnose zeigt, ist es jedoch möglich, daß ein Mensch die Kontrolle über einen anderen Menschen übernimmt. Da es auch Fernhypnose gibt, die per Telepathie ausgeübt wird, sollten auch nicht-materielle Wesen in der Lage sein, Hypnose auszuüben.

Die klassische Vorstellung bei der Besessenheit ist, daß ein Dämon die Kontrolle über einen Menschen übernommen hat. Doch was ist ein Dämon? Das ist eine Frage, bei der die Antwort sehr stark von dem eigenen Weltbild abhängt: ein „Bote des Teufels", ein Geist, dessen Wesen man nicht verstehen kann, ein Verstorbener, ein Naturwesen …

Generell befindet man sich auf sicherem Boden, wenn man zunächst einmal einfach wie Sokrates sagt „Ich weiß, daß ich nichts weiß." Dann kann man schauen, was man beobachten kann, und das Gesehene dann beschreiben. In einem zweiten Schritt sucht man dann nach Regelmäßigkeiten suchen und formuliert sie auf möglichst allgemeine Weise. Dadurch erhält man ein Weltbild, das ganz auf den eigenen Erfahrungen gegründet ist und von dem man weiß, daß es aus Beschreibungen der eigenen Erfahrungen besteht.

Wenn man hingegen von einem Weltbild ausgeht und von diesem Weltbild her die Welt erklärt, ist man vollkommen von diesem Weltbild abhängig – die eigene Weltsicht steht und fällt mit der Richtigkeit dieses Weltbildes. Wenn man z.B. Christ oder Muslim ist und in dem eigenen Weltbild daher Teufel und Dämonen vorkommen, ist es heikel, darauf zu vertrauen (bzw. zu fürchten), daß es diese Wesen tatsächlich gibt. Möglicherweise erschafft man durch diese Vorstellung in der eigenen Psyche lediglich Bilder von Teufeln, die dann in der eigenen Psyche auch wie Teufel wirken …

Durch Familienaufstellungen u.ä. kann man, wenn man will, konkret Totengeister und ihr Wirken erleben. Wenn man zudem auch noch einmal einen Poltergeist erlebt hat, kann man mit ausreichender Berechtigung davon ausgehen, daß es Totengeister gibt, die sich auch noch in das Leben der Lebenden einmischen können.

Wenn sich also tatsächlich ein Geist, d.h. ein Verstorbener, bei einem Lebenden meldet, wird er dies in der Regel mit Klopfgeräuschen, mit Worten, manchmal auch mit einem Ziehen an der Bettdecke u.ä. tun. Da auch ein Geist für seine Taten eine Motivation benötigt, wird auch ein Geist versuchen, sein Ziel zu erreichen. In den meisten Fällen werden dies Träume sein, also Bilder, die der Geist dem schlafenden Lebenden sendet.

Welchen konkreten Vorteil hätte ein Geist davon, einen Lebenden in ein anfallmäßiges Toben, also in eine Besessenheit zu versetzen? Falls der Geist ein ausgesprochener Sadist sein sollte, könnte er den Lebenden vermutlich auf effektivere Weise quälen – schließlich ist die typische Bewußtslosigkeit eines Besessenen nicht gerade der Zustand, in dem der Besessene besonders viel von dem, was gerade geschieht, erlebt …

Alles in allem ist es zwar nicht ausgeschlossen, daß es eine tatsächliche Besessenheit gibt, also eine Hypnose durch einen Geist – aber wahrscheinlich ist diese Möglichkeit nicht. Es ist auf jeden Fall ratsam, zunächst einmal zu prüfen, ob es sich vielleicht um einen epileptischer Anfall, eine Psychose oder eine Schizophrenie handelt.

Es läßt sich noch etwas Generelles zu den Besessenheiten sagen: Jedes äußere Bild braucht ein inneres Bild, an das es anknüpfen kann – sonst kann das äußere Bild nicht auf den betreffenden Menschen wirken. Ein Hypnotiseur oder ein Geist, der einen völlig gelassenen und in der eigenen Kraft ruhenden Menschen dazu bringen will, Amok zu laufen, hat es schwer, da er in dem gelassenen Menschen keine verdrängten Aggressionen findet, die er als Antrieb für den Amok-Lauf nutzen könnte.

Ein Geist wird sich also für das, was er erreichen will, die Menschen aussuchen, die in sich schon eine Neigung zu etwas Ähnlichem tragen.

Ein Exorzismus ist im Grunde eine Hypnose des Besessenen durch den Exorzisten, mit der der Exorzist die Kontrolle über den Besessenen übernimmt und den Geist vertreibt. Anschließend weckt der Exorzist den Besessenen wieder aus seiner durch den Geist verursachten Hypnose auf.

Dieser Prozeß klingt wesentlich weniger dramatisch, wenn man ihn als Hypnose beschreibt: Der Helfer löst die Hypnose auf, in die ein Mensch durch einen Geist geraten ist – sofern es wirklich eine „Geist-Hypnose" und nicht die vorübergehende Dominanz eines verdrängten Teils der Psyche des Betreffenden gewesen ist.

Generell gilt: Besessenheiten sind zwar möglich, aber extrem selten.

IV   Das kollektive Auto-Movement

Als dritte Form neben den absichtlichen automatischen Bewegungen und den unabsichtlichen automatischen Bewegungen gibt es noch die kollektiven automatischen Bewegungen.

Die absichtliche automatische Bewegung kommt am häufigsten vor; die kollektive automatische Bewegung ist naturgemäß am seltensten – einfach schon deshalb, weil dafür eine Gruppe von Menschen und nicht nur ein Einzelner notwendig ist. Die einzige Ausnahme ist die Werbung …

Diese kollektiven automatischen Bewegungen stammen alle aus dem kollektiven Unterbewußtsein – sie werden durch von vielen Menschen gemeinsam erschaffene (bzw. bei der Werbung gemeinsam wahrgenommene) Bilder bewirkt.

IV 1.   Werbung

Die offensichtlichste Form des kollektiven Auto-Movements ist die Werbung: die Bilder und Texte und die Begleitmusik der Werbung soll die Menschen dazu bringen, etwas zu kaufen, was sie sich ohne diese Werbung nicht kaufen würden …

Die angestrebten automatischen Bewegungen sind der Griff zu der beworbenen Zigaretten-Marke, dem Verlangen nach der angepriesenen Whisky-Sorte und der Kauf des „besten Autos der Welt".

Man könnte die Werbung auch als „Neuro-Piktorale Programmierung" der Menschen bezeichnen, also als „Programmierung der Gehirne der Menschen durch Bilder". Sie funktioniert (leider) ziemlich gut.

IV 2.   Astrologie

Wenn man die „automatischen Bewegungen" sehr weit faßt, fällt auch die Astrologie unter diesen Begriff: Man kann an einem Geburtshoroskop ablesen, wie sich ein Mensch in einer bestimmten Situation verhält, und man kann anhand des aktuellen Standes der Planeten erkennen, welche Art von Ereignis an dem betreffenden Tag stattfinden wird usw.

Die automatischen Bewegungen sind das dem Planetenstand entsprechende Verhalten der Menschen, der Tiere, der Pflanzen, des Wetters, der politischen Lage usw.

IV 3. Massenhypnose

Im engeren Sinne findet sich das kollektive Auto-Movement bei der Massenhypnose, bei der suggestiven Führung großer Menschenmengen. Dieses Phänomen findet man vor allem in Diktaturen bei der Propaganda und bei großen Aufmärschen, demagogischen Reden u.ä.

Das bekannteste Beispiel dürfte Josef Göbbels Satz „Wollt ihr den totalen Krieg?" sein. Es lohnt sich, diese Göbbels-Rede, die er am 18.2.1943 im Berliner Sportpalast gehalten hat, zu lesen, um zu sehen, wie eine geschickte demagogische Rede aufgebaut werden kann.

Man kann sich darüber streiten, ob „Massenhypnose" das passende Wort für das ist, was bei Propaganda und Demagogie geschieht – die Wirkung ist jedoch dieselbe wie bei einer Hypnose: Der Redner bringt seine Zuhörer dazu, das zu tun, was er will. Das Ergebnis ist eine weitgehend unbewußte, nicht aus dem eigenen Willen heraus beschlossene Handlung – also ein kollektives, extern gesteuertes Auto-Movement.

IV 4. kollektive Visionen

In den meisten Religionen gibt es Erscheinungen von Gottheiten, die nicht nur von einem einzelnen Menschen, sondern von einer großen Gemeinschaft wahrgenommen werden. Man könnte dies als eine ungeplante gemeinsame Traumreise auffassen – wobei die Menschen die Gottheit allerdings mit offenen Augen wahrnehmen – das innere Bild überlagert das äußere Bild.

Solche Vorgänge kommen bei einzelnen Menschen des öfteren vor. Diese Visionen sind zwar beeindruckend, aber sie haben nichts dramatisches. Ich selber habe schon einige solcher Wahrnehmungen gehabt. Solange man sich darüber bewußt ist, daß in diesen Fällen ein inneres Bild der optischen Wahrnehmung der Welt überlagert wird, ist dies auch kein Problem und führt auch nicht zu einem Verlust des Realitätskontaktes.

Diese Visionen sind, da sie in der Regel nicht nur aus der eigenen Psyche, sondern aus dem kollektiven Unterbewußtsein stammen, auch nicht „nur" Bilder, sondern Bilder, die auch eine Wirkung ausüben können – wie z.B. eine Heilung. Das gilt genauso für Marien-Erscheinungen wie für die Wahrnehmung von Elfen.

Das, was in diesem Fall „automatisch bewegt" wird, ist die optische Wahrnehmung.

Visionen können jedoch auch akustischer Natur sein – ich habe einmal mit zusammen mit Axel, meinem Zauberlehrer, bei einer Pan-Anrufung Pan im Wald Flöte spielen gehört. Es waren nicht viele Töne, die wir gehört haben, aber es war das intensivste, was ich bisher an Musik gehört habe.

Es gibt auch „Geruchs-Visionen" – sie treten vor allem bei der Beschwörung von Dämonen in der Form von Schwefel-Geruch auf. Das kenne ich aus eigener Erfahrung – wieder zusammen mit Axel.

IV 5. Kollektive Telekinese

Die kollektive Telekinese gehört auch zu den kollektiven automatischen Bewegungen – auch wenn das, was sich dabei bewegt, in den meisten Fällen äußere Gegenstände und Umstände sind.

Der einfachste Fall ist das Bewegen eines Papier-Kreisels. Zu zweit ist dies oft einfacher als alleine, aber ob zwei, drei oder fünf und mehr Menschen einen Papier-Kreisel drehen, macht keinen Unterschied. Der Papier-Kreisel ist also kein brauchbares Beispiel für die kollektive Telekinese – weil sich kein besonderer Effekt zeigt, wenn viele Menschen an dem Versuch beteiligt sind.

Die „Jesus-People", die um 1980 herum auch in Deutschland aktiv waren und für ein lebendiges Christentum geworben haben, haben ausführlich „kollektive Telekinese" benutzt – wenn man sie denn so nennen möchte. Sie haben sich morgens zusammengesetzt und geschaut, was sie an dem Tag brauchen: z.B. Essen, eine Übernachtungsmöglichkeit, Geld für eine Bahnfahrt und ein Fahrrad. Dann haben sie gemeinsam zu Jesus gebetet – und bis zum Abend hatten sie alles gefunden oder geschenkt bekommen, was sie gebraucht haben. Man kann dieses Vorgehen auch „christliche Magie" nennen.
Das, was dabei bewegt wird, sind die „Umstände", die durch „sinnvolle Zufälle" die Dinge und Ereignisse herbeiführen, um die gebeten worden ist. Diese Dinge und Ereignisse werden nicht bewußt herbeigeführt, sondern nur eingeladen – d.h. der Büro-Bote wird losgeschickt.

Ein weiteres Phänomen sind die „weinenden Statuen", über die ab und zu berichtet wird und sie sich vorzugsweise an Wallfahrtsorten finden – also dort, wo viele Menschen intensiv beten.
1985 gab es in Irland an 30 Orten gleichzeitig Berichte über Marienstatuen, die sich bewegt haben.
Ähnliche Phänomene, die alle zur kollektiven Telekinese gerechnet werden können, werden aus verschiedenen Religionen berichtet. So gibt es z.B. Berichte von den Germanen über Götter-Statuen, die nach einem intensiven Gebet ihre Hand bewegt haben und einen Ring losgelassen haben.

Es wäre natürlich heikel, diesen Berichten einfach zu glauben, wenn man nicht schon selber etwas in dieser Art mit Statuen oder zumindestens allgemein mit Telekinese, Materialisierungen o.ä. erlebt hat, das zeigt, daß die weinenden oder sich bewegenden Statuen nur Varianten von etwas sind, was man im Kleinen bereits selber erlebt hat.

Bei diesen Statuen-Phänomenen ist das, was bewegt wird, ein Teil einer Statue. Der Auslöser ist mit großer Wahrscheinlichkeit der Glaube der Menschen, die eine Gottheit in den betreffenden Statuen verehren.

IV 6. Kornkreise

Die letzte Variante der kollektiven automatischen Bewegung sind die Kornkreise. Die Kornkreise sind Flächen von flachgelegten Getreide in reifen Kornfeldern, die seit ca. 1920 bekannt sind. Anfangs waren dies einfache Kreisflächen von wenigen Metern Durchmessern – mittlerweile erscheinen komplexe Muster und Graphiken, die manchmal über 100m lang sind.

Naturgemäß gibt es einen großen Streit darüber, ob sie von Menschen erschaffen worden sind oder nicht. Es gibt vier Argumente dafür, daß sie nicht von Menschen erschaffen worden sind, sondern auf eine andere Weise entstanden sind:

- Sie entstehen sehr schnell innerhalb weniger Stunden, wie die Beobachtung von Getreidefeldern, in denen fast jedes Jahr Kornkreise auftreten, gezeigt hat.

- Die Kornhalme sind an den Knoten des Halmes umgebogen – die recht starren Halme werden also nicht entwurzelt und flachgelegt und auch nicht am Halm gebrochen.

- Die Muster sind ausgesprochen komplex und von einer Ästhetik, die ansonsten in der Kunst nicht zu finden ist.

- In einem frischen Kornkreis spüren selbst ungeübte Menschen eine intensive Spannung und ein elektrisches Prickeln (wie es für Lebenskraft-Phänomene typisch ist). Diese „Ladung" in den Kornkreisen ist nicht homogen, sondern ist an jedem Punkt des Kornkreis-Musters anders und stimmt bei genauerer Betrachtung oft mit dem Muster selber überein.

V Übersicht

Die Betrachtungen des Auto-Movement in diesem Buch lassen sich auf mehrere Arten sortieren, wodurch noch einmal eine deutlicheres Bild dieser Phänomene entsteht.

V 1. Der Verursacher der Bewegung

Man kann zunächst einmal untersuchen, wer die automatische Bewegung in Gang setzt. Als Verursacher der Bewegung kommt der Mensch selber, ein anderer Mensch, ein Kollektiv oder ein nicht-körperliches Wesen (Gottheit, Geist) infrage.

Der Verursacher			
Mensch (selber)	*anderer Mensch*	*Gruppe*	*Gottheit, Geist u.ä.*
a) bewußt	*a) bewußt*	*a) bewußt*	
Pendeln	Hypnose	Traumreisen	
Wünschelrute	Fernhypnose	Vision	
Finger-Monitor	Massenhypnose	Glossolalie	
automatisches Schreiben	Werbung	Stuhl-Versuch	
Körper-Monitor		Invokation	
automatisches Sprechen		Orakel	
Körper-Bote		Feuerlauf	
Finger-Signal		Krafttier	
Erinnerungs-Bote		Telekinese	
Traumreisen			
inneres Hören			
Glossolalie			
Verstehen fremder Sprachen			
Smilie-Versuch			
Drachenklauen-Versuch			

Shaolin-Versuch			
Hepp-Versuch			
Papierrädchen-Versuch			
Sigillen-Magie			
Wünsche			
Arm-Experiment			
Invokation			
Orakel			
Feuerlauf			
Krafttier			
b) unbewußt		*b) unbewußt*	
Schlafwandeln		Astrologie	
unbewußte Invokation		Kornkreise	
Stigmata		Besessenheit	
Wiederholungszwang			

Diese Übersicht zeigt, daß die eigenständige Verursachung der automatischen Bewegung mit Abstand der häufigste Fall ist – gefolgt von der Gruppen-Verursachung.

Die Fremd-Verursachung ist vor allem die Hypnose, die Massenhypnose und die Werbung – wobei die Werbung sehr weit verbreitet ist.

Eine Gottheit oder eine Geist als Verursacher sind recht selten – die Welt als Ganzes als Verursacher ist hingegen ständig wirksam: die Astrologie.

V 2. Das Bewegte

Als nächstes kann man untersuchen, was bei dem Auto-Movement bewegt wird: der eigene Körper, die eigene Wahrnehmung, der Körper eines anderen Menschen, ein Gegenstand oder eine Situationen – wobei die beiden letzten Fälle allgemein zur Magie gerechnet werden.

49

das Bewegte				
der eigene Körper	*die eigene Wahrnehmung*	*der Körper eines anderen*	*ein Gegenstand*	*Situationen*
a) bewußt	*a) bewußt*	*a) bewußt*	*a) bewußt*	*a) Situation*
Pendeln	Erinnerungs-Bote	Drachenklauen-Versuch	Papierrädchen-Versuch	Sigillen-Magie
Wünschelrute	Traumreisen	Shaolin-Versuch		Wünsche
Finger-Monitor	Inneres Hören	Hepp-Versuch		Invokation
automatisches Schreiben	Verstehen fremder Sprachen	Stuhl-Versuch		Wiederholungs-zwang
Körper-Monitor	Werbung	Arm-Experiment		Kornkreise
automatisches Sprechen		Hypnose		
Körper-Bote		Fernhypnose		
Finger-Signal		Kollektive Visionen		
Glossolalie		Kollektive Telekinese		
Smilie-Versuch				
Orakel				
Feuerlauf				
Krafttier				
b) unbewußt	*b) unbewußt*			*b) alles*
Schlafwandeln	Massenhypnose			Astrologie
unbewußte Invokation				
Stigmata				
Besessenheit				

Im Wesentlichen wird beim Auto-Movement der eigene Körper oder der Körper eines anderen bewegt. Die inneren Wahrnehmungen sind ein anderer Monitor für denselben Vorgang wie das Bewegen des eigenen Körpers. Wenn man einmal von der

Astrologie ansieht, ist das Auto-Movement durch etwas anderes als einen Menschen (Gottheit, Geist) ein seltenes Phänomen. Lediglich die Kornkreise haben sich mittlerweile als kollektive Telekinese etabliert.

V 3. Die Bewußtheit des Bewegungs-Entschlusses

Man kann auch fragen, wie etwas bewegt wird (bewußt, unbewußt oder kollektiv) – darauf ist auch die Gliederung dieses Buches in drei Hauptkapitel aufgebaut. Mit der „Bewußtheit" ist nicht die Bewußtheit beim Auto-Movement selber gemeint, das ja schon per Definition unbewußt ist, sondern der Beschluß, ein Auto-Movement durchzuführen.

Auto-Movement			
Körperteile	*Ursprung*		
	bewußt	*unbewußt*	*kollektiv-unbewußt*
Arm	Pendeln	Hypnose	
	Wünschelrute		
	Smilie-Versuch		
	Drachenklauen-Versuch		
Finger	autom. Schreiben	Hypnose	
	Finger-Monitor	Finger-Signal	
Hände/Füße		Stigmata	
Körper	Körper-Monitor	Schalfwandeln	Tränen an Statuen u.ä.
	Körper-Bote	Hypnose	
	Shaolin-Versuch	Fernhypnose	
	Feuerlauf	Besessenheit	
	Invokation	Werbung	
	unbewußte Invokation	Krafttier	
	Massenhypnose		
	Krafttier		

Zunge	Glossolalie	Hypnose	Glossolalie
	autom. Sprechen		
Hörsinn	inneres Hören	Hypnose	Vision
	Verstehen fremder Sprachen		
Sehsinn	Traumreise	Hypnose	Vision
	Visionen		
Intuition	Erinnerungs-Bote		
äußere Dinge	Telekinese		Kornkreise
	Hepp-Versuch u.ä.		
	Feuerlauf u.ä.		
	Stuhl-Versuch		
	Orakel		
	Arm-Experiment		
	Tarot, I Ging u.ä.		
	Papierrädchen-Versuch		
Situationen	Sigillen-Magie		Astrologie
	Wünsche		
	Wiederholungszwang		

Der größte Teil des Auto-Movement entsteht aus einem bewußten Entschluß.

Die unbewußten Varianten fallen fast alle in die Kategorie der Hypnose, wenn man einmal vom Schlafwandeln und Stigmata absieht – die Werbung ist eine gesellschaftlich akzeptierte Form der Massenhypnose …

Die beiden wichtigen kollektiv-unbewußten Formen des Auto-Movement sind die Astrologie und die Kornkreise.

V 4. Telepathie und Telekinese

Schließlich kann man auch noch prüfen, ob das Auto-Movement nur „intern" abläuft, d.h. sich nur zwischen Wachbewußtsein, Unterbewußtsein und Körper abspielt, oder ob bei dem betrachteten Auto-Movement auch Telepathie und Telekinese eine Rolle gespielt haben und es sich folglich um einen „externen" Vorgang handelt. Manche Vorgänge wie z.B. das Pendeln treten in beiden Kategorien auf, weil sie mit und ohne Telepathie durchgeführt werden können. Dies trifft für ziemlich viele Varianten des Auto-Movement zu – sie sind in der Tabelle der Übersichtlichkeit halber zu einer gemeinsamen Spalte zusammengefaßt worden.

internes und externes Auto-Movement		
internes Auto-Movement	*externes Auto-Movement*	
	Telepathie	*Telekinese*
Erinnerungs-Bote	Wünschelrute	Drachenklauen-Versuch
Smilie-Versuch	Verstehen fremder Sprachen	Shaolin-Versuch
Schlafwandeln	Orakel	Hepp-Versuch
Werbung	Krafttier	Stuhl-Versuch
	Fernhypnose	Papierrädchen-Versuch
	Besessenheit	Sigillen-Magie
Pendeln		Wünsche
Finger-Monitor		Arm-Experiment
automatisches Schreiben		Feuerlauf
Körper-Monitor		Stigmata
automatisches Sprechen		Astrologie
Körper-Bote		Kornkreise
Finger-Signal		
Traumreisen		
Inneres Hören		
Glossolalie		
Invokation		
unbewußte Invokation		
Wiederholungszwang		
Hypnose		
Massenhypnose		
Visionen		

Wie die Übersicht zeigt, sind fast alle Vorgänge des Auto-Movements entweder immer oder manchmal mit der Telepathie verbunden oder sind mit der Telekinese verknüpft. Lediglich vier Versuche stehen sicher nicht mit Telepathie und Telekinese in Zusammenhang.

Das zeigt noch einmal, welch wichtiges Werkzeug das Auto-Movement für die Magie ist.

Bücher von Harry Eilenstein

Astrologie

- Astrologie (496 S.)
- Photo-Astrologie (428 S.)
- Die astrologischen Aspekte (88 S.)
- Horoskop und Seele (120 S.)

Magie

- Handbuch für Zauberlehrlinge (408 S.)
- Telepathie für Anfänger (60 S.)
- Telepathie für Fortgeschrittene (52 S.)
- Telekinese für Anfänger (52 S.)
- Lebenskraft für Anfänger (60 S.)
- Hypnose für Anfänger (56 S.)
- Elfen für Anfänger (56 S.)
- Mandalas für Anfänger (68 S.)
- Tarot (104 S.)
- Physik und Magie (184 S.)
- Die Magie-Formel (156 S.)
- Krafttiere – Tiergöttinnen – Tiertänze (112 S.)
- Schwitzhütten (524 S.)

Meditation

- Der Lebenskraftkörper (230 S.)
- Die Chakren (100 S.)
- Das Chakren-System mit den Nebenchakren (296 S.)
- Meditation (140 S.)
- Drachenfeuer (124 S.)
- Reinkarnation (156 S.)
- einsgerichtet (140 S.)

Kabbala

- Kursus der praktischen Kabbala (150 S.)
- Eltern der Erde (450 S.)
- Blüten des Lebensbaumes:
  - Die Struktur des kabbalistischen Lebensbaumes (370 S.)
  - Der kabbalistische Lebensbaum als Forschungshilfsmittel (580 S.)
  - Der kabbalistische Lebensbaum als spirituelle Landkarte (520 S.)

Religion allgemein

- Die sieben Schritte des Lebens (428 S.)
- Muttergöttin und Schamanen (168 S.)
- Göbekli Tepe (472 S.)
- Totempfähle (440 S.)
- Christus (60 S.)
- Dakini (80 S.)
- Vajra (76 S.)

Ägypten

- Hathor und Re 1: Götter und Mythen im Alten Ägypten (432 S.)
- Hathor und Re 2: Die altägyptische Religion – Ursprünge, Kult und Magie (396 S.)
- Isis (508 S.)

Indogermanen

- Die Entwicklung der indogermanischen Religionen (700 S.)
- Wurzeln und Zweige der indogermanischen Religion (224 S.)

Germanen

- Die Götter der Germanen (87 Bände)
- Odin (300 S.)

Kelten

- Cernunnos (690 S.)
- Der Kessel von Gundestrup (220 S.)
- Der Chiemsee-Kessel (76)

Psychologie

- Über die Freude (100 S.)
- Das Geheimnis des inneren Friedens (252 S.)
- Das Beziehungsmandala (52 S.)
- Gefühle und ihre Verwandlungen (404 S.)
- einsgerichtet (140 S.)
- Liebe und Eigenständigkeit (216 S.)
- Von innerer Fülle zu äußerem Gedeihen (52 S.)
- Die Symbolik der Krankheiten (76 S.)

Kunst

- Herz des Tanzes – Tanz des Herzens (160 S.)

Drama

- König Athelstan (104 S.)

Die Themen der 87 Bände der Reihe „Die Götter der Germanen"

1. Die Entwicklung der germanischen Religion
2. Lexikon der germanischen Religion
3. Der ursprüngliche Göttervater Tyr
4. Tyr in der Unterwelt: der Schmied Wieland
5. Tyr in der Unterwelt: der Riesenkönig   Teil 1
6. Tyr in der Unterwelt: der Riesenkönig   Teil 2
7. Tyr in der Unterwelt: der Zwergenkönig
8. Der Himmelswächter Heimdall
9. Der Sommergott Baldur
10. Der Meeresgott: Ägir, Hler und Njörd
11. Der Eibengott Ullr
12. Die Zwillingsgötter Alcis
13. Der neue Göttervater Odin   Teil 1
14. Der neue Göttervater Odin   Teil 2
15. Der Fruchtbarkeitsgott Freyr
16. Der Chaos-Gott Loki
17. Der Donnergott Thor
18. Der Priestergott Hönir
19. Die Göttersöhne
20. Die unbekannteren Götter
21. Die Göttermutter Frigg
22. Die Liebesgöttin: Freya und Menglöd
23. Die Erdgöttinnen
24. Die Korngöttin Sif
25. Die Apfel-Göttin Idun
26. Die Hügelgrab-Jenseitsgöttin Hel
27. Die Meeres-Jenseitsgöttin Ran
28. Die unbekannteren Jenseitsgöttinnen
29. Die unbekannteren Göttinnen
30. Die Nornen
31. Die Walküren
32. Die Zwerge
33. Der Urriese Ymir
34. Die Riesen
35. Die Riesinnen
36. Mythologische Wesen
37. Mythologische Priester und Priesterinnen
38. Sigurd/Siegfried
39. Helden und Göttersöhne
40. Die Symbolik der Vögel und Insekten
41. Die Symbolik der Schlangen, Drachen und Ungeheuer
42.a Die Symbolik der Herdentiere I
42.b Die Symbolik der Herdentiere II
43. Die Symbolik der Raubtiere
44. Die Symbolik der Wassertiere und sonstigen Tiere
45. Die Symbolik der Pflanzen
46. Die Symbolik der Farben
47. Die Symbolik der Zahlen
48. Die Symbolik von Sonne, Mond und Sternen
49.a Das Jenseits I – Das Hügelgrab
49.b Das Jenseits II – Der Jenseitsweg
50. Seelenvogel, Utiseta und Einweihung
51. Wiederzeugung und Wiedergeburt
52. Elemente der Kosmologie
53. Der Weltenbaum
54. Die Symbolik der Himmelsrichtungen und der Jahreszeiten
55.a Mythologische Motive I
55.b Mythologische Motive II
56. Der Tempel
57. Die Einrichtung des Tempels
58. Priesterin – Seherin – Zauberin – Hexe
59. Priester – Seher – Zauberer
60. Rituelle Kleidung und Schmuck
61. Skalden und Skaldinnen
62 Kriegerinnen und Ekstase-Krieger
63. Die Symbolik der Körperteile
64.a Magie und Ritual I
64.b Magie und Ritual II
64.c Magie und Ritual III
65. Gestaltwandlungen
66.a Magische Angriffs-Waffen
66.b Magische Verteidigungs-Waffen
67. Magische Werkzeuge und Gegenstände
68. Zaubersprüche
69. Göttermet
70. Zaubertränke
71. Träume, Omen und Orakel
72. Runen
73. Sozial-religiöse Rituale
74. Weisheiten und Sprichworte
75. Kenningar
76. Rätsel
77. Die vollständige Edda des Snorri Sturluson
78. Frühe Skaldenlieder
79.a Mythologische Sagas I
79.b Mythologische Sagas II
80. Hymnen an die germanischen Götter